文献学基本丛书·第一辑
吴格 主编

毛春翔 著

古书版本常谈

复旦大学出版社

本书据中华书局1962年排印本整理

总　序

　　源远流长之中华文明，其声教文物及典章制度，历数千年而迄未中断，实赖于文献之记载与传承。晚近以来文化转型，传统文献以外，又加入外邦文化，中国文献学之畛域大为拓展。生于今世而身为文献学人，非仅知识储备应加宽加厚，研究能力尤须加精加细，然而盱衡中外，实际现状则未容乐观。现代学制及其课程之设置，培养目标以通用型人材为急务，专业学科人材之造就，则有待分阶段完成。置身科技日新时代，人文学科人材之培养本已不易，而文献学人材之造就尤觉其难。文献学之范畴甚广，昔人治史，素重史料、史学及史识，若以此指代文献学研究之内容、方法及观念，两者之内涵庶几相近。文献学作为人文、社科研究之基础学科，征文考献，乃为其根本宗旨。有志研习文史者，舍文献学训练而欲解读先民遗存之典籍，进而认识古代社会之生活及文化，自不免举步艰难，所视茫然，而郢书燕说，所在多有。因此常闻人言，对母语及故国文化之荒疏，已为今人之通病及软肋。

　　文献学研究无所不包，举凡先民创造所遗，莫不可为考释古今文化现象之材料。其内容虽以文字记载为主，亦包含实物文献；其文本以图书典籍为主，亦重视各类非书资料；其取材以本土文献为主，亦关照域外观念及古书。面对林林总总之史料，调查收集，编目整序,研读判断,整理保护,乃至深入揣摩,著书立说,门类既广,专题林立,终生投入,所获依然有限。利用科技信息技术之进步,当代学人虽拥有"穷四海于弹指,缩千里于一屏"之神通,便利远胜于昔人,但传统文献学之基本训练,如前人于目录、版本、校勘、文字、音韵、训诂诸学科之实践经验,仍不可不讲求并勤于借鉴。由识字断文、释读文本始,进而遍识群书,分析综合,加以拾遗补缺,考订遗文,又能删除枝蔓,探明本旨,至于体味古人语境,还原历史场景,应为从事文献研究之基本目标。

文献学训练与研究之主要对象,仍为传承至今之历代典籍。由基本典籍而衍生之各类著述,构成现存古代文献之大海汪洋,其中有关文献研究之专著,所示门径与方法,皆为古人遗惠后世之宝贵遗产。近代以来,文献学前辈董理国故,推陈出新,亦产生大批名家专著,足为今人研修之助。二十世纪至今之文献学名家专著,屡经重版之余,犹未餍读者之求。复旦大学出版社编辑同人有鉴于此,发起编辑"文献学基本丛书",计划由近及远,选刊久已脍炙人口、至今犹可奉为治学圭臬之要籍,重版以飨读者。选本标准,一则立足于名家专著,选择体量适中、授人以渔,既便文献教学参考,又利于各地初学自修者;二则入选诸书,皆从其朔,尽可能择用初期版本,书重初刻,未必非考镜源流之一助焉。

岁甲辰仲夏古乌伤吴格谨识于复旦大学光华西楼

目 录

什么叫作"版本" ……………………………………… 1
什么叫作"善本" ……………………………………… 5
我们为什么要研究版本 ……………………………… 11
我国雕版印书始于何时 ……………………………… 17
唐、五代刻本 ………………………………………… 25
宋刻本 ………………………………………………… 33
辽、金刻本 …………………………………………… 59
元刻本 ………………………………………………… 63
明刻本 ………………………………………………… 74
清代精刊本 …………………………………………… 97
巾箱本 ………………………………………………… 102
活字本 ………………………………………………… 104
套印本 ………………………………………………… 109
书帕本 ………………………………………………… 113
抄本 …………………………………………………… 114
稿本 …………………………………………………… 128

校本……………………………………………………… 131
佛经版本…………………………………………………… 140
《道藏》版本……………………………………………… 145
如何鉴别版本……………………………………………… 146

什么叫作"版本"

书之称本,始于汉刘向。刘向《别录》云:"一人读书,校其上下,得谬误,为校。一人持本,一人读书,若怨家相对,为雠。"这里所谓持本,即持书本的意思。到南北朝,颜之推著了一部《家训》,其中有一篇《书证篇》,举了许多本子,有江南本、河北本、俗本、江南旧本、江南古本、江南书本等等,书之称本,便很通俗了。颜氏所举的许多本,都是写本(图1)。写本或称旧本,唐太宗贞观四年敕"经籍讹舛,今后并以六朝旧本为证"(见宋孔平仲《谈苑》),可证。写本之外,还有碑本。宋张世南的《游宦纪闻》,记永福县罗汉寺篆书云"余尝见碑本,字势天矫,洒落奇妙",可证。碑本亦称石本,见米芾的《海岳题跋》。石本、碑本,我们现在亦叫拓本(图2)。自中唐发明雕版印书(图3)以后,又有版本的名称。此在宋人书中,往往见之,那时所谓版本,是指由雕版印刷而成的书说的。如《海岳题跋》卷一云"唐僧怀素《自叙》,杭州沈氏尝刻板本",叶梦得《石林燕语》云"版本初不是正,不无讹误。世既一以版本为正,而藏本日亡,其讹谬者遂不可正,甚可惜也",云云;《齐民要术》宋绍兴甲子葛祐之序云"此书乃天圣中崇文院版本,非朝廷要人,不可得",王明清《挥麈录》云"蜀中始有版本",陆游《老学庵笔记》云"尹少稷日能诵麻沙版本书厚一寸",朱熹《上蔡语录跋》云"熹初到括苍,得吴

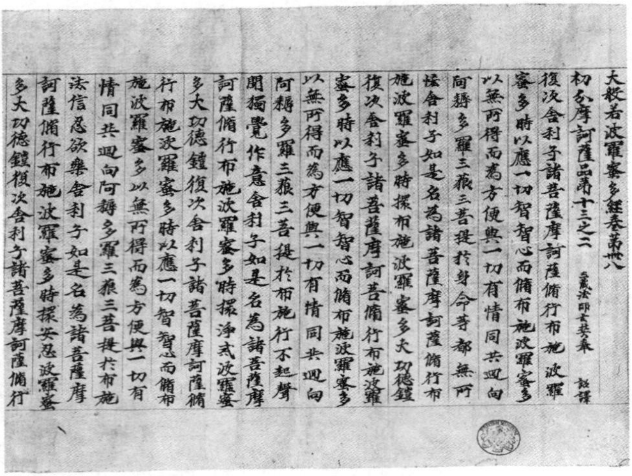

图 1　敦煌写本《大般若波罗蜜多经》

图 2　清拓本《雁塔圣教序》

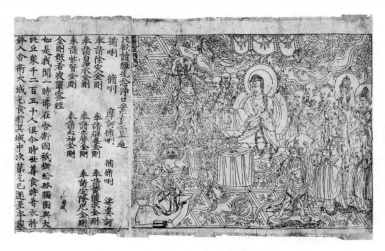

图3　唐咸通九年雕版《金刚经》(卷首)

任臣写本一篇,后得吴中版本一篇",云云;诸如此类,屈指难数,都是指印本书说的。印本书由墨印成,故又称墨本,见《齐民要术》葛祐之序。版本原来的含义,如此而已。

事物是发展的,由小到大,由简到繁,由浅到深,莫不如此;又是彼此互相关联的,由甲和乙相关,又由乙和丙相关,而甲、乙、丙彼此又都互相关联,谁也不能单独存在和发展。版本和写本、新版本和旧版本、新写本和旧写本,彼此都互相关联、互相依存、互相提携而发展,长短相补,正讹相切磋。由此种种,版本含义,便由单一变为复杂,由一小圈子变为一大圈子,由浅涧变为深潭,由极凡庸的名词变为一种极复杂而高深的学问了。由许多本子错综复杂的关系产生校雠,由校雠产生善本;为了追求善本,版本学便应运而生。此时版本二字的含义,和原来的意义,有本质上的区别。原来是单纯的一种书本子的名称,现在一变而为一种学问的术语。上举标题"什么叫作'版本'",便是指版本学说的,取其发展以后的意义,而不取其原始的单纯的意义。

版本学所涉及的范围很广,举凡写本、历代刊本、历代传录本、批校本、稿本,以及每一书的雕版源流、传抄源流,孰为善本、孰为劣本、孰为原刻、孰为翻刻,以至印纸墨色、字体刀法、藏书印记、版式行款、装潢式样等等,都在版本学的研究范围之内,内容可谓丰富之至,彼此又皆互相关联,缺一不可。竭一己之力,钻研摸索,直至头童齿豁,终老不能竟其学。二十余年来,我时常望洋兴叹。畏难么?我又并未知难而退。前进么?又很迟缓。这是由于根底浅薄,精力不强,耕耘不勤,收获自歉。后来同志,年富力强,耐心研究,持之不懈,应用毛主席的"在战略上藐视敌人,在战术上重视敌人"这句格言,必有好收获。

版本学是目录学的一部分,因此研究版本,又不得不连带研究目录编制的方法。要懂得目录如何编制,又不得不进一步研究目录学史。目录如何编制的问题解决,又不得不去研究善本书目的体例应如何写定。要解决这一问题,便要参考各家善本书目,取长弃短,参以己见,写定更完善的体例。这虽是研究版本连带所及的问题,而从整个处理古书问题上说,这又是一个必须解决的问题。

什么叫作"善本"

什么叫作"善本"?这个问题,久已存在。我个人在二十多年以前到浙江图书馆即从事编辑善本书目,那时我对古书版本这门学问,可以说一无所知,未能操刀而割,至为可笑。后来经过一段较长时间,我对"善本"这一名称,也渐渐怀疑起来。那时浙馆藏旧刊本,为数不多,每天触手的,都是些明万历以后刻本。从外貌看去,纸墨既劣,刀法又笨拙异常;从内容看去,任意删略旧文,如凌稚隆的《汉书评林》。脱文讹字,目不暇接,如万历本《太平御览》、胡文焕的《格致丛书》、何允中的《汉魏丛书》、陈眉公的《秘笈》等等,以及其他坊刻总集、类书之类,指不胜屈。这一大批书,论时代是明刻,距今三百多年,论内容,的确不足以称"善";而我却不得不把它编入善本书目。这样的违心之事,做了好多年,直到现在,还未完全改过来,精神上实在不愉快。究竟什么叫作"善本"?这个问题,我想应该把它弄弄明白,免得一直模糊下去。

什么叫作"善本"?据我所知,汉朝人已经说到。《汉书·河间献王传》有云:"从民间得'善书',必为好写与之,留其真。"这里所谓"善书",即"善本",因为那时未有印本,所以不叫"善本",而叫"善书"。宋人穆伯长"好学古文","始得韩、柳善本……欲二家文集行于世,乃自镂板,鬻于相国寺"(见朱弁《曲洧旧闻》)。这里单称"善本",还没有说明其所以为善的根据。"宋次道(宋敏求)家藏书,皆校三五遍者,世之蓄书,以宋为善本。"(见《曲洧旧闻》)"唐以前,凡书籍皆写本,未有模印之法,人以藏书为贵。书不多有,而藏者精于雠对,故往往皆有善本。"(见叶梦得《石林燕语》)宋庆历间四库书"搜补校正,皆为善本"(见周辉《清波杂志》)。《通鉴纪事本末》一书,赵与𥲅以为"严陵本字小且讹,于是精加雠校,易为大字",成为"天下之善本"(见元延祐六年陈良弼序)。《战国策》宋李文叔序云:"今《国策》宜有善本传于世,而舛错不可疾读。"《颜氏家训》宋沈揆序云:"揆家有闽本,尝苦篇中字讹难读,顾无善本可雠。"以上是宋人对善本的看法,归结一句话:凡书籍必须精加雠校,方为"善本",否则便是"俗本""劣本"。陈振孙《书录解题》卷八有云:"(《元和姓纂》)绝无善本。顷在莆田,以数本参校,仅得七八。后又得蜀本校之,互有得失,然粗完整矣。""宋嘉祐四年,仁宗谓辅臣曰:《宋》《齐》《梁》《陈》《后魏》《北齐》《北周书》,罕有善本……可委编校官精加校勘。"(见江少虞《事实类苑》)这两个例,也是说明书必精校,方为"善本"。此外明、清两代,有名的学者,对"善本"的界说,大都和宋人相同,不必多举例了。我们如果以这一点,即精加雠校、无脱文、无讹舛,作为衡量标准,那末在今日所能见到的旧书,可以称为"善本"的,就很少了。浙馆所藏五千多部善本,怕有一半要被剔除,这怎么办呢? 我以为衡量标准,理应从严,但也不必过严。清张之洞的说法,我认为比较合理。他说:"'善本'非纸白版新之谓,谓其为前辈通人用古刻数本,精校细勘付刊,不讹不缺之本也。""'善本'之义有三:一曰'足本'(无缺卷、未删

什么叫作"善本" 7

削),二曰'精本'(精校、精注),三曰'旧本'(旧刻、旧抄)。"张氏订出这三条作为善本标准,我认为是比较妥当的。他这三条,可注意的是旧本问题。所谓"旧本",旧到何时呢?即以何时起至何时止为旧本呢?清代藏书家所出书目,多以明嘉靖为断,万历以后所出书,选取非常严格,这是对的。宋元旧刻(图4),在今天,谁也不会说不是善本;问题是在明刻(图5)。明刻,我们应当有所选择,断不可认为凡是明刻,都是善本,和对待宋元本一样。书籍不比古董,不能单以时代旧为准。时代旧,不过是构成善本条件之一而已,还要看看其他各方面情况。最主要的是,是否经过精加雠校这

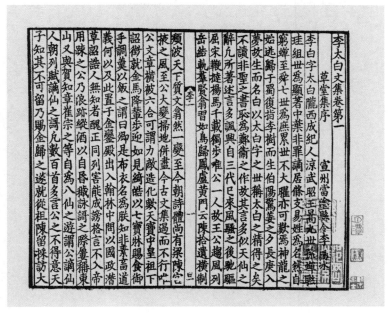

图4 宋刻本《李太白文集》

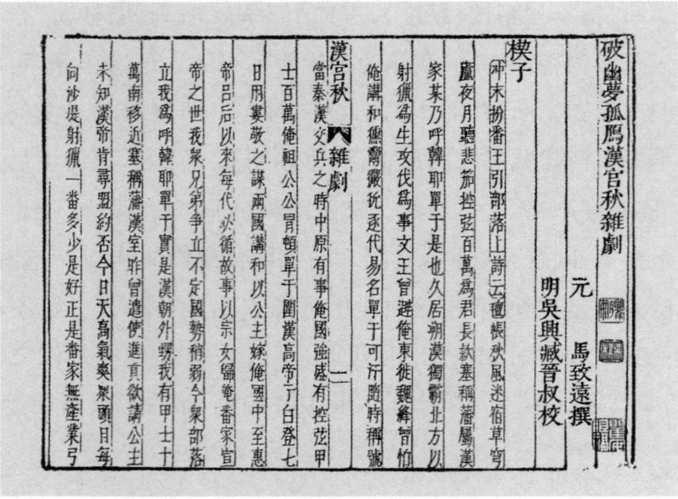

破幽夢孤鴈漢宮秋雜劇
元　馬致遠撰
明吳興臧晉叔校
楔子
（冲末扮番王引部落上詩云）氈帳秋風迷宿草穹廬夜月聽悲笳控弦百萬爲君長款塞稱藩屬漢家某乃呼韓耶單于是也久居朔漠獨霸北方以射獵爲生攻伐爲事文王曾避俺東徙魏絳曾怕俺講和獯鬻獫狁逐代易名單于可汗隨時稱號當秦漢交兵之時中原有事俺國强盛有控弦甲士百萬俺祖公公冒頓單于圍漢高帝于白登七日用婁敬之謀兩國講和以公主嫁俺国中至惠帝呂后以來每代必循故事以宗女歸俺番家宣帝之世我衆兄弟爭立不定國勢稍弱今衆部落立我爲呼韓耶單于實是漢朝外甥我有甲士十萬南移近塞稱藩漢室昨曾遣使進貢欲請公主未知漢帝肯尋盟約否今日天高氣爽衆頭目每向沙堤射獵一番多少是好正是番家無產業弓

漢宮秋雜劇　二

图 5　明万历刻本《元曲选一百种》

豔歌琴杳杳四絃輕撥語喃喃當臺競鬪青絲髮對月爭誇白玉簪小有洞中松露滴大羅天上柳煙含但能爲雨心長在不怕吹簫事未諳阿母幾嗔花下語潘郎曾向夢中參暫持清句魂猶斷若覩紅顏死亦甘悵望佳人何處在行雲歸北又歸南
唐女郎魚玄機詩集終

臨安府棚北睦親坊南陳宅書籍鋪印

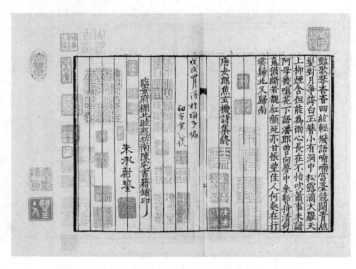

图 6　宋临安府陈宅书籍铺刻本《唐女郎鱼玄机诗》

一点,这是关于张氏所提的三点中的一点。再讲到"足本""精本"(图6)二点,张氏未有较详的说明。据我的认识,应该是指"旧本"而言;不然,"善本"含义,依然未弄明白。钱唐丁氏《善本书室藏书志》编辑条例,列举四点:"一曰'旧刻':宋元遗刊,日远日鲜,幸传至今,固宜球图视之。二曰'精本':朱氏一朝,自万历后,剞劂固属草草;然近溯嘉靖以前,刻书多翻宋椠,正统、成化,刻印尤精,足本、孤本,所在皆是。今搜集自洪武迄嘉靖,萃其遗帙,择其最佳者,甄别而取之,万历以后,间附数部。要皆雕刻既工,世鲜传本者,始行入录。三曰'旧抄':前明姑苏丛书堂吴氏、四明天一阁范氏,二家之书,半系抄本。至国朝小山堂赵氏、知不足斋鲍氏、振绮堂汪氏,多影抄宋元精本,笔墨精妙,远过明抄。寒家所藏,将及万卷,择其尤异,始著于编。四曰'旧校':校勘之学,至乾嘉而极精。出仁和卢抱经、吴县黄荛圃、阳湖孙渊如之手者,尤校雠精审,朱墨烂然,为艺林至宝。补脱文,正误字,有功后学不浅。"丁氏四例,略足本,而特标旧校,于精本,特指明刊,实较张氏所标三义,更为精到。足本似可包括在精本之内,不必另立一帜。肯定善本含义,我以为丁氏四例足以尽之。惟丁氏精本一条,断于明代。在今天看来,清代极有名的精写刻本,亦应包括在内。

  书籍之传写刊刻,脱文讹字总难免。前人说校书如扫落叶,旋扫旋生。刻一书或抄一书,欲一字不误、一文不脱,可谓万难之事。后世刊本不必说,即宋刊也不免有错。浙馆所藏宋刊《名臣碑传琬琰集》,脱文时见可证。版本之善或不善,乃从比较而来。我们不宜过于苛求,亦不可过于宽纵:无使旧刻之稍有瑕疵者,摈而不得跻身于善本队伍,亦无使坊刻滥恶之本,厕足于善本行列，精心鉴别，期归于至当可也。善本之名，肯定可用。至于书目好坏，是编者学力有浅深，与善本本身无关。我个人意见如是，待专家指正。

我们为什么要研究版本

我们图书馆工作者处理古书，只要见书编目，分类排架，供读者阅读便得了，何必还要研究版本呢？有这样想法的人可能是有的，我认为我们不应作如是想。古书流传到今天，刊本如宋元本、明本，虽不多见，但也有不少存留下来；抄本如宋元抄，那是太少，但明抄还不算很少：这类书，人多认为至宝。图书馆为藏书之府，这类书多少总有一些，既有其书，便不能不加以处理，要加以处理，便不可不懂得版本；不懂版本，如何去辨识孰为宋刊、孰为元刊、哪是宋抄、哪是元明抄呢？如以宋元旧刻，和清刻作同样处理，并列一架，这与有人将宋版书册作夹花样用，一样可笑。彼不识字，不足怪，而图书馆工作者却万万不可如此做，使人民珍贵财产受到重大损失；对图书版本，总不可不稍费心力，去研究研究。懂得的自然以愈多愈好、愈精愈妙；但学问一事，总是由日积月累而丰富起来的，一步登天之事是没有的，图书馆从业人员不应作如是想。

我们整理古书，审别版本好坏，对读者选读古书大有关系。我这里举两个例，来说明这一问题。远在宋朝，有一位教官，出题考试生徒，题为："乾为金，坤亦为金，何也？"参加考试的生徒，大家面面相觑，不能下笔。后来有人怀疑教官此题，怕是出于麻沙本《周易》，监本不如此，起立质问。那教官立即检查原书，果然是麻沙本错了一个字,原是"坤为釜",釜字脱了上面两点,变为金字,闹了一场笑话(见《石林燕语》)。"又尝有秋试,问:'《井卦》何以无象?'"(见同上)《易经》六十四卦,每卦皆有象辞,象者断也,断一卦之吉凶,《井卦》无象,亦是麻沙本脱文。试官误读误书,竟以出题,又闹了一场笑话。又明初有一名医叫戴元礼,尝到南京,见一医家,求诊的病人很多。元礼以为这一定是神医,天天去那医家门口看看。偶然见一求药的病人已出门外,那医师追出门去,告诉那病人,煎药时,一定要放一块锡下去同煎。元礼听了,很觉奇怪,从未有以锡入煎剂的,遂问那医师。医师说,这是古方,元礼求得其书,乃是饧字,急为改正(见陆深《俨山外集》)。饧即糖,食旁误作金旁,又少一笔,变为锡字。由于医师不讲版本,沿用误书开方,闹一笑话。教官、医师,不懂版本,贻误后学,害人生命,不过是举例说说。若推而广之,读书不知版本,为劣本所误,关系并不算小(1961 年 6 月 10 日《文汇报》载郭绍虞先生的《试测〈沧浪诗话〉的本来面貌》一文讲到版本的重要性,可以参看)。图书馆收藏古书,如不讲版本,势必使读者时读误书,其害非浅。我们要研究版本,主要原因在此。

  古书传刻或传抄,脱文讹字,势所难免,要靠专家校正补完,方可诵读,随举数例,可见一斑。如王充《论衡·累害》一篇,明刊本都脱去一页,而元刊十二行本,此页不脱。刘勰《文心雕龙》(图7),这是一部文学理论名著,在我国是数一数二的好书,而元代一刻、明代弘治一刻、嘉靖三刻、万历一刻,其中《隐秀》一篇皆缺,明钱允治得宋本,方为补足。清秦氏石砚斋刻《鬼谷子》,从《道藏》本出,经名校勘家卢文弨为校一过,后卢氏得钱遵王手抄本对校,乃

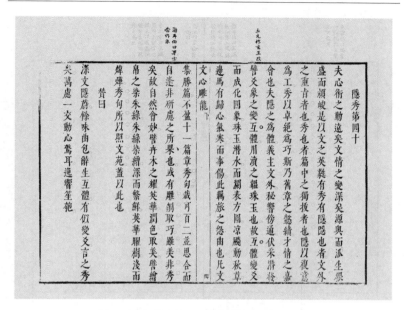

图7　明闵绳初刻五色套印本《文心雕龙》

知《道藏》本之讹脱不可胜计,《内揵》一篇脱去正文、注文达四百十二字之多,乃亟为补正。王国维得明抄本《张说之文集》二十五卷,对校明嘉靖刻本,嘉靖本脱去二叶,卷二十三内脱文一篇,又脱落一行凡十处,改正讹字,不能悉计。明刻监本二十一史、十三经,脱误甚多,《日知录》卷十八中有讥评文字。明刻虽远比不上宋元,而嘉靖刻本(图8),犹为藏书家所珍视。浙馆现藏嘉靖本约三百五十余部,论数量不为少矣,而孰知嘉靖本有出于清代精刊之下者。如嘉靖刊本《国语》《国策》,远不如黄丕烈校刊明道本《国语》、仿剡川姚氏本《国策》;嘉靖本《齐民要术》,据黄荛圃说:"刻者自谓获古善本重刻,今取校宋刻,竟无一合者,不知善本果云何也!"如此之

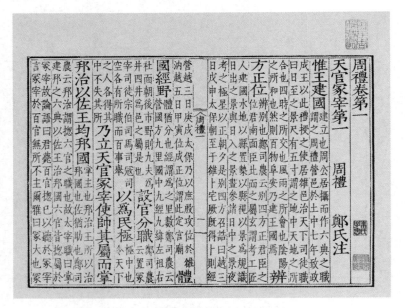

图8　明嘉靖吴郡徐氏刻本《周礼》

类,不胜枚举。我们如对版本一无所知,则对现存古书,就很难处理得当。

　　版本不可不研究,已如上述;至于如何研究版本,即研究方法问题,也应该提出来谈一谈。据我的经验,这一问题,说起来很简单,做起来却很烦难,实在是因为书太多,研究范围太广的缘故。简单云者,是说研究必须从师,而师只有两个:一是活的师,一是死的师,活的师是现存的专家,死的师是书本。从事研究要找老师,只有这样两个,不是很简单么?但活的师,也不一定在眼前,也只能偶然碰到,请教一番。在图书馆工作,不能负笈远游拜老师;即在馆内有老师可拜,而老师自有工作背在身上,不能像学校里上课一样,先生讲,学生听,也不过遇到什么问题,随时谈谈而已。死的老师,那就不胜其多。凡是有关版本的书,或专书,或非专书,都应该阅读研究。专书,如各家题跋、各种书目;非专书,如各家杂记之类,其中有的仅有数条可取,有的完全没有,未翻阅之先,茫无所知,既阅之后,有所见,随手札记,以备检查,这样的书多得很,十年看不尽。说写本,有唐以前写的,有宋抄、元抄、明抄,明抄之中,有吴抄、有叶抄、有其他抄本;说刊本,有宋刊、有元刊、有明初刊、有嘉隆以后刊,有内府刊、有书院刊、有各家刊、有坊刊,有浙本、有蜀本、有建本,名目不胜其繁。就一书而论,有字体、纸色、墨色、白口、黑口、双边、单边、行款、牌记、序跋、扉页、书名等等,名目亦很多。这些都是要研究的,不管你方法如何好,总要积以岁月,才能粗知大概,你说复杂不复杂!近几十年来,有人搞出书影。书影是影印各种善本的样张,每种印一页或两页,加以说明。看见书影,好像看见原书一样,字体、版式、行款,一一如原物,一点不走样,对研究版本,确有帮助。初学从这里入手也很好。但书影有一个最大缺点,即纸墨无法照样仿造。辨古书版本,最重要的就是墨色、纸张,这两样没有见到,光看书影,是不够的。解放后,有苏州《文学山房明刻集锦》编行,将明版书,每种抽一二叶,也有说明,帮助研究。这样搞,把原书本来面目,一一保留下来,比书影好得多多。初学如能很细心地一种一种看过,记得,对明版书可以窥见一斑了,这是讲明版。宋元版书,因为书太贵,以叶论价,书又少见,要搞集锦,事不易办。前年浙馆馆长张阆声老先生出示小百宋一廛书叶,即是宋版集锦,每书收一页至三五页,共一百零一页,大可作为我们研究之资,其有功于版本学之研究甚大。所可惜的有两点:

一是未撰说明,一是书页都裱褙过了。古书尤其是宋元版书,一经裱糊,墨色走样,纸的帘纹,就很难辩。若当初不裱,加以上等连史衬纸,装订成册,便好极了。日本人有专搜朝鲜活字版书页的,便是装贴成册而不裱的,且有说明;不过也有缺点,它是黏在空白册内的,容易脱掉。元版书页百集锦,如果要搞,如北京馆、上海馆是有可能的。这些哑巴老师,应该培养几个,教教后辈。有人说集锦好是好,但审定如若错了,怎么办呢?我说无妨,哑巴不说话,一切听任我们摆布。审定错了,学者经验积多了,能力加强了,日后可以改正它,有何关系?所患者,是这类材料太少,只要有得搞出来,不怕他审定错。不过,话又得说回来,搞书页集锦,弄得不好,会把版本书破坏掉,似不宜提倡。

  这不说话的老师,在国内几个主要图书馆说来,现所收贮的,都有好几千种。青年人有志研究,也够看看了。书籍浩如烟海,看不尽,读不完;但举一反三,找出规律,也不必看完读尽,才算精通。懂得多少,算多少,学问是日积月累,积起来的,不要有一步登天之想好了。

我国雕版印书始于何时

我国雕版印书,始于何时?这一问题,自来参加讨论的学者很多。这是一个有关版本学的重大问题,我们应该好好地辩论一下。有人说,我国雕印书籍,始于隋朝(第六世纪末)。这一说,发端于明陆深,他说:"隋文帝开皇十三年十二月八日敕:'废像遗经,悉令雕撰。'此印书之始,又在冯瀛王之先矣。"(见《河汾燕闲录》卷上)废像遗经,乃是两件东西,一雕一撰,又是两件事,文义至为明显。像,是佛像,要雕的;遗经,是佛经,要撰的。撰不一定是出乎自著,翻译传写,皆可称撰。撰者,述也,所谓"述而不作",是也。陆深把两件东西,混为一谈,说到雕撰,就以为是雕版印佛经,而不知佛像只能是雕,而不能既雕又撰的,这是陆深误解文义,妄生谬说。读书人误解古书文义,是平常事,其情犹有可原;后来竟有人把"撰"字改为"版"字,说是"废像遗经,悉令雕版",其意以为雕撰意义不明,作雕版意乃明明白白,隋朝雕印佛经,可以说毫无疑义。殊不知佛经可以雕版,佛像却是要雕造的,决不是雕版。因隋以前,北周武帝大毁佛教,经像被毁无遗,隋文帝承北周之后,乃大兴佛教,雕佛像,撰遗经,大建寺庙。若佛像雕版,乃成版画;寺庙所供的是佛像,是立体的,非版画。悉令雕刻版画,与当时实际情况不符合,是错误的。改撰字为版字的是谁?据我所知,是明人胡应麟,见

《少室山房笔丛》卷四,他而且说:"遍综前论,则雕本肇自隋时,行于唐世,扩于五代,精于宋人,此余参酌诸家,确然可信者也",云云。后来方以智著《通雅》,谈刻书,引《河汾燕闲录》亦作雕版,与胡应麟同;清初王士祯著《池北偶谈》,引文和《通雅》相同;日本人岛田翰著《古文旧书考》,以及近人讲中国印刷术的,引文皆作"悉令雕版",可能是上胡应麟的当。今考《俨山外集》原书,明明作雕撰,不作雕版。陆深所引开皇十三年十二月八日敕,正史不见,惟隋费长房所著《历代三宝记》,有此敕文。今考各种版本的佛经,如宋刊《碛砂藏》、近刻《频伽藏》、日本《大正藏》等等,皆作雕撰,无有作雕版的。任意改字,强令古书合乎己意,这种作风,可谓坏极。岛田翰又据《颜氏家训·书证篇》说到江南书本,谓:"书本乃对墨本而言,则北齐时,已知雕版矣",云云。此说未见有人附议,不加讨论。谓刻书始于隋时,附和者众,从事斯学者,不可以无言。据《隋书·经籍志》,隋开皇元年,"普诏天下,任听出家","营造经像,而京师及并州、相州、洛州等诸大都邑之处,并官写一切经,置于寺内,而又别写藏于秘阁。天下之人,从风而靡,竞相景慕,民间佛经多于六朝数十百倍"。如果隋朝已知刊刻佛经,则相距不过十二年,为时至近,何必令官写一切经送佛寺?一版雕成,千百部马上风行全国,宣扬佛教,这办法是最好的了;而于十二年前一无所知,十二年后忽然下令全国,要雕印佛经,世事那有这样突如其来的?以是知隋时尚未有雕印佛经之事。惟唐道宣著的《续高僧传》卷三《慧净传》中有:"然则我净受于薰修,慧定成于缮刻?答曰:新故相传,假薰修以成净,美恶更代,非缮刻而难功。"这里"缮刻"两字,骤然看去,像是刻书,至少当是石刻,如房山石经之类。但一经研究,即知其不然。盖"缮刻"两字，是《庄子》外篇《缮性》《刻意》两个篇名的省略。缮，治也；缮性，治性也。刻，削也；刻意，是刻苦用意。缮性刻意，旨在修身。薰修是外功，缮刻是内功，要慧定，须做好内功，故说"慧定成于缮刻"，这与刻书之事无涉。又《续高僧传》载释吉藏、神照、法常诸传，皆言写经造像，未见有言及雕印佛经事。又隋初搜访遗逸，得书三万余卷，炀帝命写五十副本，藏嘉则殿，如果此时已知雕印书籍，何必写如此多的副本？即此一点，已足说明隋时未有雕版印书之事。北京开过一次中国印本书籍展览会，有目录说明云："现在所知道的最早的印刷物，是第六世纪末年刻的一张残片，乃二十多年以前新疆出土的，上有：'……官私……延昌三十四年甲寅……家有恶狗，行人慎之'残文两行。延昌三十四年，当隋开皇十四年。这一残片，现存英国。英人说，残文系雕版印刷的。"这个材料，我未敢遽信。"家有恶狗，行人慎之"，好像是门口竖的一块牌子，警告行人的。寥寥几个字，而且没有几家用得着，何必雕印？英人说是雕印的，因未见原物，未敢相信。

唐初有没有刻书的事情呢？据唐冯贽著的《云仙杂记》卷五云："玄奘以回锋纸，印普贤像，施于四众，每岁五驮无余。"据此记载，则玄奘已知雕版印像，时当唐初。既知雕版印像，当知雕版印经，则雕印书籍之事，在唐初已经有了。但一经查考，知《云仙杂记》（一作《云仙散录》）一书，乃宋王铚伪作（说见宋张邦基《墨庄漫录》）。书既伪造，则其所记之事，自属模糊影响之谈，道听途说，不足为据了。玄奘既不印像，亦不印经，可以肯定。

自唐太宗至玄宗，八十余年，时间不算短，而玄宗时，两京藏四部书，时称极盛，皆出于抄写，未闻有刊刻的。《开元释教录》所收佛经至多，也都是抄写的。每经抄写用纸几张，都有记载。据《新唐书·经籍志》："玄宗时，太府月给蜀郡麻纸五千番，季给上谷墨三百三十六丸，岁给河间、景城、清河、博平四郡兔一千五百皮，为笔材，两都各聚书四部，以甲乙丙丁为次，列经史子集四库。"这是记唐玄宗时抄书之事的，可证此时尚未知印书。《全唐文》卷三十二有一篇标题"刊《广济方》诏"，是唐玄宗下的一篇诏书，看标题令人狂喜，以为此乃玄宗刻医书之证，一读诏书，大失所望。诏云："朕顷所撰《广济方》，救人疾患，颁行已久，计传习亦多，犹虑单贫之家，未能缮写，间阎之内，或有不知……宜令郡县长官，就《广济方》中逐要者，于大版上件录，当村坊要路榜示，仍委采访使勾当，无令脱错。"读此诏，可知玄宗非常关心《广济方》，而曰缮写、曰件录，则非刻印甚明。清人编《全唐文》，妄造题目，可笑之至。又玄宗最重视《道德经》《孝经》，为之注，亦有颁行诏，云："仍令集贤院具写，送付所司，颁行中外。"而不知刻印传播，其他可知矣。是唐玄宗时，尚未知刻书。有唐一代，据我所知，刻书掌故，最早见的，是在中唐之世，有例可举的，是冯宿《请禁印时宪书疏》，见《全唐文》卷六百二十四。疏云："准敕禁断印历日（历日，我们现在叫作日历）版。剑南、两川及淮南道，皆以板印历日鬻于市，每岁司天台未奏颁下新历，其印历已满天下，有乖敬授之道。"考冯宿于大和九年，出为剑南东川节度使、检校礼部尚书，此疏当在是年上。因考《旧唐书·文宗纪》，大和九年十二月丁丑"敕诸道府不得私置历日版"，与宿此疏相应，以是知之，这是最为明确的材料。历日虽非可读之书，而为劳动人民迫切需要之物，有关于农事甚大，论其功效，实比经史为大，而且历日篇幅不多，数版可尽，需要量既极大，而刻印又容易,故历日刻印,当为印本书之鼻祖。惟唐人印历日,究始于何时,难以肯定。据《刘梦得集》卷十六《谢赐历日表》,有"赐臣贞元十七年新历一轴"语,这新历,照理推测,一定是印刷的。因为赏赐群臣及颁行全国各道府,需要量极大,抄写费时,雕印迅速,以此推断,当无不可。但论事物原始,出于推论,终嫌不宜。文宗之世,犹是中唐,即贞元之世,亦是中唐,因此谓我国刻书之业,兴于中唐,当八世纪后期,是颠扑不破的结论。

唐《司空表圣集》(图9)卷九有《为东都敬爱寺讲律僧惠确化募雕刻律疏》云:"今者以日光旧疏……自洛城罔遇时交,乃焚印本,渐虞散失,欲更雕锼",云云。这里所谓"洛城罔遇""乃焚印本",是指唐武宗毁佛教而言的。会昌时全国拆寺四千五百余所,

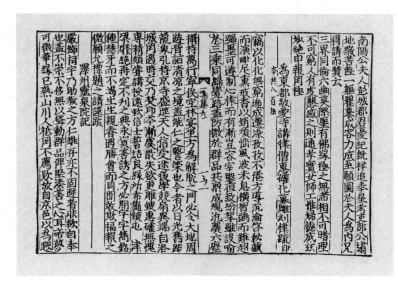

图9　宋刻本《司空表圣集》

还俗僧尼二百六万零五百人,铜像钟磬纳官铸钱,铁像置农器,佛教被毁殆尽,故云"罔遇时交",人无敢读佛书,故焚印本耳。武宗在位止六年(据《孙可之集》武宗毁佛事在会昌元年即开始了),在武宗之世焚印本,则其书刻印,必在武宗之前可知,此亦中唐印书之好证据。至晚唐懿宗、僖宗之世,刻书之事渐多,今有实物存在可证的有三件:一是咸通九年(868)四月十五日王玠为二亲敬造普施的《金刚经》(图10),二是僖宗乾符四年(877)刻的历书,三是中和二年(882)刻的历书。以上三宝,皆是清光绪季年在我国敦煌发见的,被英、法人掠夺而去。《金刚经》现存英国伦敦博物院,二历

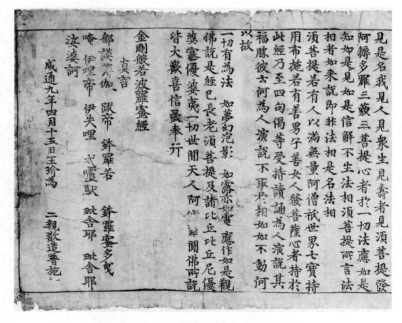

图10　唐咸通九年雕版《金刚经》(卷尾)

书或言存法国巴黎图书馆。此三宝沉埋敦煌,不知多少年,宋人未见过,故宋代学者言刻书,往往推至后唐长兴三年(932)冯道刊刻五经始。其实冯道上奏请刻经书的奏章中,已有"尝见吴、蜀之人,鬻印板文字,色类绝多,终无经典"(见《册府元龟》六百零八卷),说"色类绝多",可见已很发达了。此与柳玭《训序》可以互证,柳云:"中和三年(883)癸卯夏,銮舆在蜀之三年也。余为中书舍人,旬休,阅书于重城之东南。其书多阴阳杂记、占梦相宅、九宫五纬之流,又有字书小学,率雕版印纸,浸染不可晓。"(《旧五代史·唐明宗纪》注引)柳玭、冯道,时代相去不过三四十年,冯所说的蜀人刻书,即柳在成都所见之书,可以无疑,皆是晚唐之事。而由是可知,就时代言,我国刻书始于中唐;而就地方言,则为吴、蜀。冯道所言之吴,即冯宿所指之淮南道;柳言成都,即冯宿所云剑南、两川之地:汇观三人之说,可以断言,我国最早刻书之地是吴、蜀。吴包括今之浙西,蜀是四川,此两处是我国刻书之业之发祥地,地方富庶,人口丛集,文化水准高,刻印书籍,条件俱备,印书之事,应运而生,亦是事物发展规律如此,无足异也。

论刻书原始问题,涉及范围颇广,难以尽言,兹仅据我所知道的,大略述之如下:

1936年出版的金溎若君著的《印刷术》说有"《开元杂报》,现存七叶,存于江陵杨氏",又有"永徽六年(655)刻《阿毗达磨大毗婆娑论》,日本人藏",以为是我国最古的印刷物。《开元杂报》没有说出印刷年代,江陵杨氏,又不知何人,未见原物,真伪莫辨。至于《阿毗达磨大毗婆娑论》,有二百卷,考之《开元释教录》卷第八上,乃"五百大阿罗汉造,显庆元年(656)七月廿七日于慈恩寺翻经院开始翻译,至四年七月三日毕"。此项记载,甚为可靠。永徽六年,前乎显庆一年,四年之后译成之书,而在四年之前发刻,当无此理。这很明显,某些日人妄说,不足为据。某些日人颇喜作假书,据日人岛田翰说:"大阪有西村某者,尝赝作三种书:延喜十三年(913,后梁乾化三年)本《文选》;唐天祐二年本陶渊明《归去来辞》,卷尾号'大唐天祐二年秋九月八日余杭龙兴寺沙门光远刊行'是也;而其一则余忘之矣。明治二十一年,清傅云龙得《文选》于陈衡山所,惊喜,刻入《籑喜庐丛书》中。黎莼斋制跋,啧啧言其可信,且以此为唐世椠本之证,而不知其出于西村之手也。纸用写经故纸,字样用写经旧字,活字排印,虽巧妙足以欺人,而其纸墨之间,犹不难判知其为伪。"所谓永徽六年刻的《阿毗达磨大毗婆娑论》,亦是唐天祐二年本陶渊明《归去来辞》之类也。金君所引材料,于刻书年代所关甚巨,不可不辨。

唐、五代刻本

　　唐人刻书，初见于中唐之世，上面已经说过了。到今天，还有实物存在的，有咸通刻的《金刚经》，首为《佛说法图》。图之左方有"咸通九年四月十五日王玠为二亲敬造普施"题字一行，这题字格式，与北魏造像相同，可知其刻经用意，渊源于北魏造像。据郑振铎、向达等说，此经雕镌甚佳，妙相庄严，线条细而有力，实是很成熟的作品，已具宋代版画规模，经文字体，浑厚劲拔，其全经用纸七张缀合而成，高一英尺，长十六英尺，是卷子形式。除此经外，尚有1944年成都市内唐墓发见的唐成都府卞家刻的《陀罗尼经咒》（图11）。据成都称府在肃宗至德二年，其印本当在咸通之前。乾符四年、中和三年刻的历日，均为英、法文化间谍斯坦因、伯希和和写经一同捆载而去。尚有《周易》《古文尚书》《毛诗》《论语》《孝经》《春秋正义》等书，同时被劫，现藏法国巴黎图书馆。这些无价之宝，不知何年才能返回祖国。此外但有记载，面无实物传下来的：唐文宗时剑南、淮南刻的历日，宣宗大中年间纥干泉在江右刻的《刘弘传》，咸通六年日本和尚宗睿带回日本去的《唐韵》《玉篇》，所谓西川印子也。纥干泉事见唐范摅著的《云溪友议》卷下："纥干尚书泉（此据四库本，或本作纥干众），苦求龙虎之丹，十五余稔。及镇江右，乃大延方术之士，作《刘弘传》，雕印数千本，以寄中朝及四海精

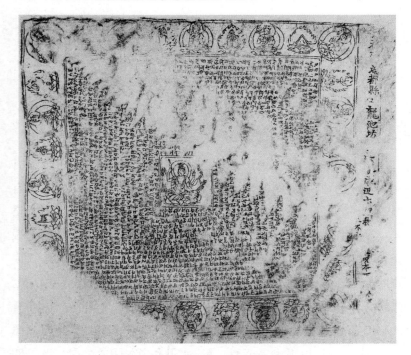

图 11　唐成都府卞家刻《陀罗尼经咒》

心烧炼者。"考纥干泉大中年间（唐宣宗）为江西观察使，印刻《刘弘传》，当在是时。一印数千本，可见此时人已知充分利用印刷术，以传播其所欲流布的书籍，印务之业，已达相当旺盛境地。《唐语林》载："僖宗入蜀，太史历本不及江东，而市有印货者，每差互朔望，货者各征节候，因争执，里人拘而送公"，云云。按僖宗入蜀，道路梗阻，故太史历书不颁发江东；而此物民间需要甚切，因而私印售者甚多，因为多，所以各家印的，朔望有不相合者，发生争执。可知此时江东印刷业已极盛，其雕印范围亦很广，冯道所谓"色类绝多"者是也。柳玭在蜀中所见，名目亦繁，惟彼处印纸不很好耳。四川、江东，印书之业，在晚唐已盛，惟不刻经史大书。此其故，我认为逃不出经济学上的供求原理。经史大书，无人购买，故无人印卖。历书人人必需，故人多印卖。其他小书，为农民所需要者，价亦不大，销路广，故印刻的也就不少了。

五代刻书，始于后唐长兴三年(932)，据《旧五代史·后唐明宗纪》"长兴三年二月辛未中书奏请依石经文字刻九经印版，从之"，这是我国雕印经书之始。又宋王溥《五代会要》云："后唐长兴三年二月中书门下奏请依石经文字刻九经印板。敕令国子监集博士儒徒，将西京石经本，各以所业本经句度，钞写注出，仔细看读，然后雇召能雕字匠人，刻印板，广颁天下。其年四月，敕差太子宾客马缟、太常丞陈观、太常博士段颙路航、尚书屯田员外郎田敏充详勘官，兼委国子监于诸色选人中，召能书人，端楷写出，旋付匠人雕刻。"所谓中书奏请、中书门下奏请，即指冯道、李愚等说的。时冯道为宰相。《册府元龟》六百八卷所载，与此大同小异。据此记载，可知五代刻经书，是根据开成石经的。其刊刻非常审慎，未刻之前，先将石经抄出校勘，校勘人又皆为所业专经之士；初步校勘之后，又设详校官五人，皆当时有名学者；校勘的实无讹，乃召选能书人端楷写样，付匠雕刻。校勘既期精审，雕镂又务请能手，故五代官刊九经，为数虽属不多，而校刊之方，可为宋人楷模，洵足重视。九经印本，自长兴三年开始刊刻，至后汉乾祐元年(948)，尚有《公羊》《穀梁》《周礼》《仪礼》四经未刻，直至后周广顺三年(953)六月，九经始成。尚书左丞判国子监事田敏始进印版九经书及《五经文字》《九经字样》各二部，共一百卅册，历时凡二十二年。费时如此之久,其精校、精写、精刻、精印,可想而知。后周显德二年(955),国子监祭酒尹拙又准敕校刊《经典释文》,由兵部尚书张昭、太常卿田敏详校。与此同时,蜀中有毋昭裔亦从事刻书。据《十国春秋·毋昭裔传》:"蜀土自唐末以来,学校废绝。昭裔出私财营学宫,立黉舍,且请后主(后蜀孟昶)镂板,印九经,由是文学复盛。又令门人勾中正、孙逢吉书《文选》《初学记》《白氏六帖》,刻板行之。"王明清《挥麈录》云:"毋昭裔贫贱时,尝借《文选》于交游间,其人有难色,发愤,异日若贵,当板以镂之,遗学者。后仕王蜀为宰,遂践其言刊之。"蜀中刻经书,自毋昭裔始。后来宋人刻书之业大盛,受昭裔影响不小。惟王明清《挥麈录》说:"唐平蜀,明宗命太学博士李鹗书五经,仿其制作,刊板于国子监。"此大不确。昭裔为相,在后蜀孟昶时,已在后汉之世。明宗未曾平蜀,平蜀者,赵宋也。宋平蜀,昭裔子守素,将书版送至中朝,诸书遂大行于世,非后唐明宗也。因王士禛《居易录》引《挥麈录》此段记载,未加辨正,故赘言于此。

五代私人刻书,除毋昭裔外,尚有一著称于世者和凝。凝在后唐之世,即为翰林学士,晋初,为端明殿学士,兼判度支,后晋天福五年,为相,后周显德二年,卒。凝生平为文章,长于短歌艳曲,有集百卷,自篆于版,模印数百帙,分惠于人(见《五代会要》)。自著、自刻、自篆于版,可谓三绝。自篆者,自己誊写上版也。凝所刻书,除自著集外,尚有《颜氏家训》,见宋刻沈揆序。此外,如黄伯思《东观余论·跋何水部集》云"天福本,但有诗二卷",由此可见,五代刻书,在官刻仅有九经、《经典释文》之类,而私刻则有总集、别集、类书、小说之类,刻书之业,已甚为普遍。

五代刻书,流传甚少,真所谓凤毛麟角。年代久远,固为主要原因,而其时战乱频仍,亦是原因之一。五十余年之间,转了五个朝代,兵火迭起,书籍极易毁灭。邵博《闻见后录》云"余曾大父遗书,皆长兴刻本,委于兵火,仅存《仪礼》一部",可证。到南宋之世,五代印本,已不多有。陈振孙《书录解题》云:"《九经字样》一卷,往宰南城,出谒,有持故纸鬻于道者,得此书,乃古京本,五代开运丙午(946)所刻,遂为家藏书籍之最古者。"陈氏藏书至富,仅此一卷,为五代刊本,其罕秘可想而知。清光绪季年,我国敦煌发见的五代印本,有《唐韵》《切韵》二书,皆细书小版,现藏巴黎图书馆;天福十五年(950)刻的《金刚经》,亦存巴黎图书馆;此外尚有印版的佛像,如《观世音菩萨像》(图 12)、《地藏菩萨像》、《贤劫千佛像》、《大圣毗沙门天王像》(图 13)、《千臂千眼观音像》等等,都为巴黎图书馆所有。我国宝物,藏在海外,不知何年能返回祖国。

1924 年 8 月 27 日杭州雷峰塔忽然倒塌,发见经卷,乃吴越国王钱俶刻的《陀罗尼经》(图 14),时在宋太祖开宝八年,论时代,已入宋朝,而其时钱氏犹未纳土,视作五代刊物亦可。经卷长七尺六寸,高二寸五分,卷端题曰:"天下兵马大元帅吴越国王钱俶造此经八万四千卷舍入西关砖塔永充供养。"经文共二百七十一行,每行十字,皮纸印,墨色淡而无香气。因经卷塞在砖空内,年久受潮,不免霉烂,首尾完具中无破空的少极。浙馆所藏一卷,首尾皆有缺佚;惟浙江博物馆藏的一卷,首有《佛说法图》及钱俶题字。五代刊印经卷,总算还有存在的。前年龙泉古塔拆毁,发见经卷,大部分被毁,一小部分保存下来。其中有一卷是刻印的,因为是残卷,长度不可知,其高则比雷峰塔经卷高出约二倍半,字大如青钱,欧体,

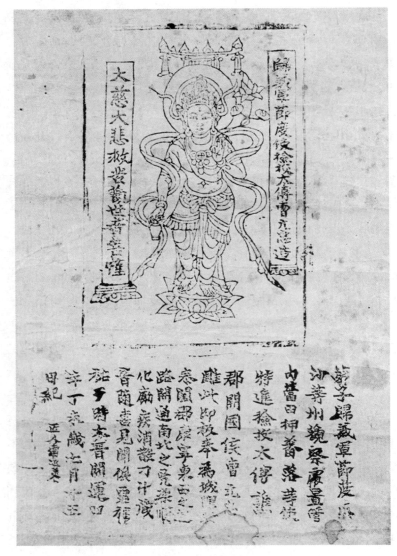

图 12　五代后晋刻《大慈大悲救苦观世音菩萨像》

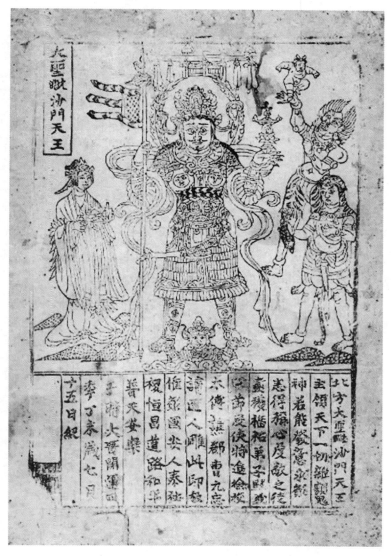

图 13　五代后晋刻《大圣毗沙门天王像》

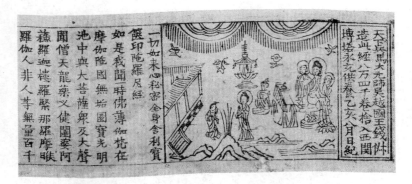

图 14　宋开宝八年刻本《陀罗尼经》

刀法钝拙，每行字数二十一至二十三四，多少不一，黄纸印。专家鉴定，认为唐代刊本，在雷峰塔经卷之前；我也有这样的看法，因其为卷子本，每行字数又很不规则，其刻印年代，至迟当在五代。（1917年，吴兴天宁寺经幢拆毁，发见经卷，亦是吴越王钱俶刻的。题后周显德三年，比雷峰塔经卷早二十年。此经卷今不知所在。）

宋 刻 本

宋承五季乱离之后，书籍印版不多(《容斋随笔》卷七)。至宋太宗淳化五年，距开国已有三十余年，经部之书，如《公羊》《穀梁》《周礼》《仪礼》《论语》《孝经》《尔雅》等书注疏，犹未刊印。兼判国子监李至上书申请，始令崔颐等校刊(《宋史·李至传》)。《史记》、前后《汉书》，亦于是年选官分校，遣内侍赍本，就杭州镂版(江少虞《事实类苑》卷卅一)。《孟子》一书，直至真宗之世，因孙奭之请，方才镂版(《金陵遗事》)。刻书之事，至真宗时方盛。景德二年(1005)五月戊申真宗到国子监，看阅书库，问祭酒邢昺：现有书版几何？昺对曰："国初不及四千，今十余万，经史正义皆具，书版大备。"(《群书考索后集》卷二十六)四十余年之间，书版增至数十倍，发展很快。唐人文集，此时也有人刊印，如穆伯长之刻韩、柳集是也。凡刻书之先，必须精加校雠。宋初官刻书，于校雠极为重视。凡一书校勘既毕，送复勘官，复勘既毕，送主判管阁官，复加点校，经过三道手续，可谓慎之又慎矣(《事实类苑》)。校勘之事，属国子监；刻书之事，亦属国子监管领。据罗璧《识遗》说："在治平(1064)以前，犹禁擅镌，必须申请国子监。至熙宁(1068)以后，方尽弛此禁。"擅刻之禁一弛，则私刻、坊刻，风起云涌，大有助于刻书业之进展。由江河汇为大海，刻书之事，遍及全国。凡书之为人需要、有利可图者,坊贾即广为搜访雕印,所谓建本(图15)遍天下,其盛况空前,数量之多,不可悉计。今北宋刻的书,流传较少。南宋刻的,尤其是建本,流传较多,时代较近故也。

　　宋刻本,就地方而言,杭州刻的最精,蜀刻次之,建刻最下。那时所谓国子监本,绝大部分是杭州刻的。就人而言,有官刻、私刻、坊刻三种。中央官刻书,以国子监为首。地方官刻书,我想先谈谈公使库本。公使库者,犹今之招待所。宋太祖开国之后,既废除藩镇,命士人典掌州事,于是置公使库,招待来往官吏。据说承平时,士大夫进京,不带粮食,节俭的还有余钱以还家,不过归途待遇稍差而已(《挥麈录》)。公使库既为招待所性质,必有一笔经费。经费有积余,则用以刻书。库内设有印书局,专管刻书事宜,见《司马

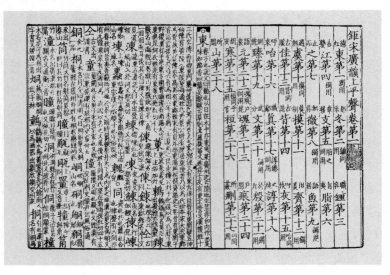

图15　宋乾道五年建宁府黄三八郎刻本《钜宋广韵》

温公集》旧抄本卷末题记云:"泉州公使库印书局淳熙十年正月内印造到",云云。

公使库刻的书很多。《书林清话》所载的,即有苏州公使库、吉州公使库、明州公使库、阮州公使库、舒州公使库、抚州公使库、台州公使库、信州公使库、泉州公使库、鄂州公使库十个。每一公使库,都刻有几种书,其中以抚州公使库刻的《郑注礼记》(图16)为最有名,而且现在还有传本。当然,这不过是举例说说。当时刻的书,何止几种! 而公使库也决不止这十个。除了公使库以外,尚有各路茶盐司、漕司、提刑司等等机关,有州军学,有郡斋、郡庠、县斋、县学,又有各处书院,皆尝从事刻书。书院本,如婺州丽泽书

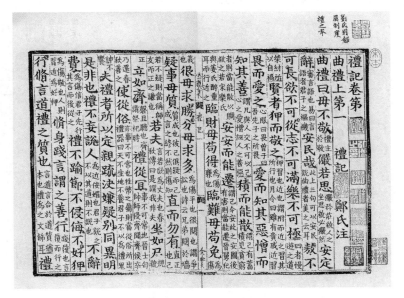

图16　宋淳熙四年抚州公使库刻本《礼记》

院，以及象山书院、咏泽书院、龙溪书院、竹溪书院、环溪书院、建宁府建安书院、吉州鹭洲书院等等是也。

两宋私家刻书，据《天禄琳琅书目·茶晏诗》，"赵韩陈岳廖余汪"七家为最。赵者，巨州守长沙赵淇；韩者，临邛韩醇；陈者，陈解元起（陈氏应列坊刻，图17）；岳者，岳珂；廖者，廖莹中；余者，建安勤有堂余氏；汪乃新安汪纲。据叶德辉《书林清话》所录，则有岳氏之相台家塾、廖莹中之世彩堂、蜀广都费氏进修堂、临安进士孟琪、建邑王氏世翰堂、建安蔡子文东塾之敬室、瞿源蔡潜道宅墨宝堂、清渭何通直宅万卷堂、麻沙镇水南刘仲吉宅、麻沙镇南斋虞千里、建溪三峰蔡梦弼傅卿家塾、吴兴施元之三巨坐啸斋、锦溪张监税宅、武溪游孝恭德荣登俊斋、建安陈彦甫家塾、梅山蔡建侯行父家

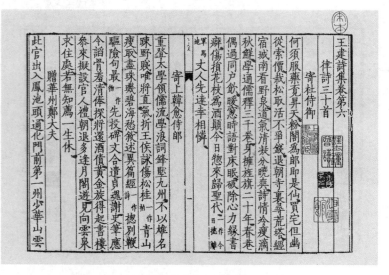

图17　宋临安府陈解元宅刻本《王建诗集》

塾、建安黄善夫宗仁家塾之敬室、建安刘元起家塾之敬室、建安魏仲举家塾、建安魏仲立宅、吉州周少傅府、祝太傅宅、建安虞氏家塾、眉山程舍人宅、姑苏郑定、钱唐王叔边家、婺州义乌酥溪蒋宅崇知斋、婺州东阳胡仓王宅桂堂、刘氏学礼堂、隐士王氏取瑟堂、毕万裔宅富学堂、茶陵谭叔端等三十二家。其中尤以岳珂、廖莹中、广都费氏、吴兴施元之、黄善夫、魏仲举、程舍人诸家为著。岳刻《相台五经》，至清代尚有存者，清内府仿刻行世。廖刻韩、柳集，今尚有存者（北京图书馆藏有廖氏世彩堂韩、柳集刊于咸淳年，图18、图19，柳集且有朱彝尊跋，图20）。明万历东吴徐时泰东雅堂翻韩集，嘉靖吴人郭云鹏济美堂翻柳集，今存者尚多。两家翻本皆精

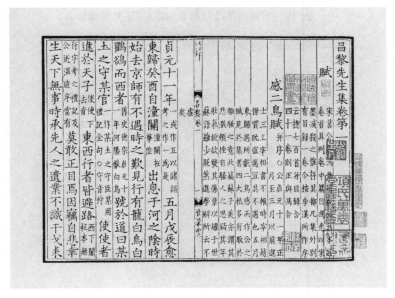

图18　宋咸淳廖氏世彩堂刻本《昌黎先生集》

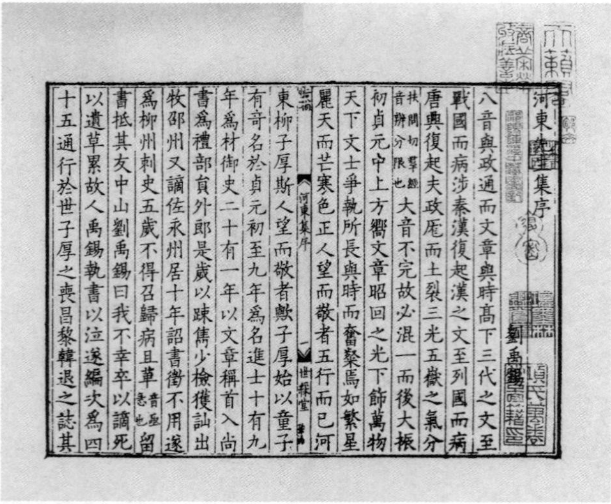

河東先生集序 劉禹錫

八音與政通而文章與時高下三代之文至
戰國而病涉秦漢復起漢之文至列國而病
唐興復起夫政厖而土裂三光五嶽之氣分
扶問切音辨分限也大音不完故必混一而後大振
初貞元中上方嚮文章昭回之光下飾萬物
天下文士爭執所長與時而奮粲焉如繁星
麗天而芒寒色正人望而敬者五行而已河
東柳子厚斯人望而敬者歟子厚始以童子
有奇名於貞元初至九年爲名進士十有九
年爲材御史二十有一年以文章稱首入尚
書爲禮部員外郎是歲以疎儁少檢獲訕出
牧邵州又謫佐永州居十年詔書徵不用遂
爲柳州刺史五歲不得召歸病且革音亟急也留
書抵其友中山劉禹錫曰我不幸卒以謫死
以遺草累故人禹錫執書以泣遂編次爲四
十五通行於世子厚之喪昌黎韓退之誌其

河東集序 一 世綵堂

图 19　宋咸淳廖氏世彩堂刻本《河东先生集》

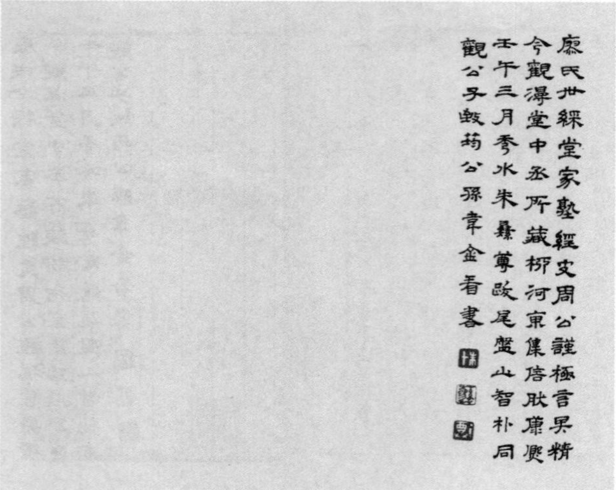

廖氏世綵堂家塾經史周公謹極言吳精
今觀淳堂中丞所藏柳河東集信然康熙
壬午三月秀水朱彝尊跋尾盤山智朴同
觀公子敦荊公孫章金看書

图 20　宋咸淳廖氏世彩堂刻本《河东先生集》朱彝尊跋

美，廖刻面貌犹可窥见一二。蜀广都费氏刻《资治通鉴》，世称龙爪本。广都县明嘉靖二十五年改为双流县，属成都府。在宋时，尚有一著名的刻《昭明文选》的裴氏，《清话》未收。裴刻《文选》，有明嘉靖袁氏嘉趣堂翻版，阔版大字，雕镂极精，前人多误认为真宋版，见袁刻亦可窥见裴刻之精。广都以产纸著名于时，有唐一代，中央用纸，多取给于此。蜀中刻书用纸，亦多仰资于此，故其地刻书之业亦盛。若吴兴施元之，在南宋乾道七年，知衢州。其在衢所刻书，有苏颂的《新仪象法要》三卷、苏舜钦的《沧浪集》十五卷（见《池北偶谈》）。黄善夫刻的《史记正义》一百三十卷（图21），魏仲举刻韩、柳集，程舍人刻《东都事略》，皆极有名。宋世私家刻书，断不止

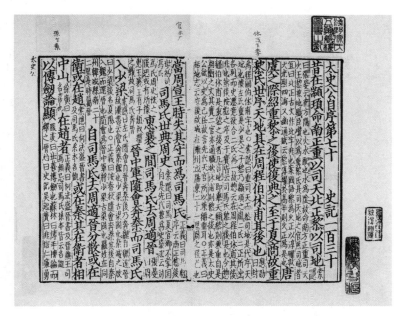

图 21　宋建安黄善夫家塾刻本《史记》

上举数家,不过示例而已。

宋代坊刻之书,举所知者,列表于下,以便查考。

  黄三八郎书铺 建宁府
  一经堂 建宁书铺蔡琪
  月厓书堂 武夷詹光祖
  陈八郎书铺 建宁府
  群玉堂 建安江仲达
  建安堂 麻沙坊(见《织余琐述》,绍兴庚申刻《云麓漫钞》)
  尹家书籍铺 临安太庙前
  郭宅□铺 杭州钱唐门里车桥南大街
  双桂堂 金华
  崔氏书肆 西蜀
  书隐斋 咸阳
  博济堂 汾阳
  荣斐轩
  传棪书堂 葛氏
  种德堂 闽山阮仲猷
  开经书铺 杭州众安桥南街东贾官人宅
  陈解元书籍铺 临安府棚北大街睦亲坊南(睦亲坊即今之弼教坊)
  张官人宅文籍铺
  杭州猫儿桥(今称平津桥)河东岸开笺纸马铺锺家(南宋初年刻《文选五臣注》)

宋代书坊,据所知,略如上表。大抵以建阳麻沙、崇化两坊为最盛。麻沙刻书,我想在下面评论时再详说。坊刻旨在谋利,利于易刻速售。易刻,则木必柔;速售,则必草率。木柔,则易磨灭;草率,则多讹夺。故坊刻本往往校勘不精,避讳不严,于纸墨不甚措意,较之官刻,相差很远。然在今日,建本亦稀矣。前代劳动者血汗结晶,我们还是极重视它。

宋版书的样子,究竟怎么样的,能否一见便认识它?青年人往往有这样一个问题提出。凡物总有一些特点可以凭借而认识它,宋版书也不例外。青年人提出问题,是有理由的。但我们单凭那些特点去认识宋版,还是不够的,还应该进一步多看各家题跋书目,多看真宋版,多作笔记。一书到手,要细心研究,汇看各方面情况,才能做出决定;而这个决定,是否完全可靠,还要打问号的。凡是研究一种学问,决不许卤莽灭裂;多看多问,精心体察,是必要的。

宋版书的特点有:(一)纸质白而硬。(二)版心有刻工姓名、大小字数。(三)古卷子之制,界阑必用乌丝,故刻本之近于古者,亦多四周单边。(四)卷末大名必间一款记之。(五)卷末有字数。(六)大题在下,小名在上。(七)序经相接,乃是卷子之遗意,尤不易得(可参考日人岛田翰著《古文旧书考》)。黄荛圃跋《姚少监集》引明叶盛的《水东日记》云:"宋时所刻书,其匡廓中㘘行中,上下不留黑牌。首则刻工私记本板字数,次书名,次卷第数目,其末则刻工姓名,以及字总数。余所见当时印本书如此。浦宗源郎中家,有《司马温公传家集》,往往皆然,又皆洁白厚纸所印。乃知古人于书籍,不惟雕镂不苟,虽模印亦不苟也。"明昆山张应文的《清秘藏》有云:"藏书者贵宋刻,大都书写肥瘦有则,佳者绝有欧柳笔法,纸质莹洁，墨色青纯，为可爱耳。若夫格用单边，间多讳字，虽辨证之一端，然非考据要诀也。"明谢肇淛《五杂俎》有云："凡宋刻有肥瘦二种，肥者学颜，瘦者学欧。行款疏密，任意不一，而字势皆生动。笺古色而极薄，不蛀。"明高濂《遵生八笺》有云："宋人之书，纸坚刻软，字画如写。格用单边，间多讳字。用墨稀薄，虽着水湿，燥无湮迹。开卷一种书香，自生异味。"清孙从添《藏书记要》云："南北宋刻本，纸质罗纹不同，字画刻手古劲而雅，墨气香淡，纸色苍润，展卷便有惊人之处。所谓墨香纸润，秀雅古劲，宋刻之妙尽之矣。"近人况卜娱《织余琐述》有云："宋元版书，书名在鱼尾下。明刻本，书名在鱼尾上。反是者，殆不经见。"以上是前人的经验之谈，把它归纳起来，参以己见，分为数项说明：

（一）版式。在未谈宋版特点之前，我觉得有先讲书版形式的必要。据我所知，书版四周围以黑线，叫作版框，亦叫作边栏。四周单线，叫作四周单边。由四周单边，发展到左右双边，又称左右双夹线，俗称文武边。由左右双边，进而为四周双边。一版的中心，叫作版心，或叫版口，又称书口，或中摺行。版心有鱼尾，鱼尾有单有双，双者有顺鱼尾、对鱼尾。鱼尾上下到版框为止，这空格叫作象鼻。象鼻空白叫作白口，有一细墨线的叫作细黑口或小黑口，墨线粗的叫大黑口或宽黑口，墨线特别粗的叫阔黑口。版心中间一段通常记书名、卷数、页数的，叫作花口。一版两面，每面四周雕刻花纹的，叫作花边。明富春堂刻的《管鲍分金记》就是这样搞的。版面分行的墨线，唐人叫作边准，宋人叫作界行（见宋程大昌《演繁露》）。古人于绢素上用乌丝或朱丝织成界行，叫作乌丝栏、朱丝栏（《通雅》卷三十一），后世藏书家对抄本书之界行叫乌丝栏者，沿用旧称也。版框之外，在左上角或右上角刻一小长方框，叫作书耳。书耳上刻些什么字，没有一定。宋刻多白口单边，版心上记字数，下记刻工姓名，书名在上鱼尾下，卷末大名仅间一行，或三四行，卷末有记大小字总数的，有不记的。官刻本，大都在卷末记校勘人衔名，以左为上。衔名有初校、复校、最后校三截，如宋元祐元年杭州镂版的《资治通鉴》，首列校对者某某，次列校定者某某，最后列主校者某某是也。书之大名在首行下方，小名在上方，序文、目录和书中正文不分开，连接下去，如宋刻《白氏长庆集》（图22）、《临川王先生文集》、《刘梦得文集》，皆如此。在宋刻中，这一格式是最特殊的，所以不常见。

南北宋，自开国至亡国，共历三百十余年。年代如此之久，刻

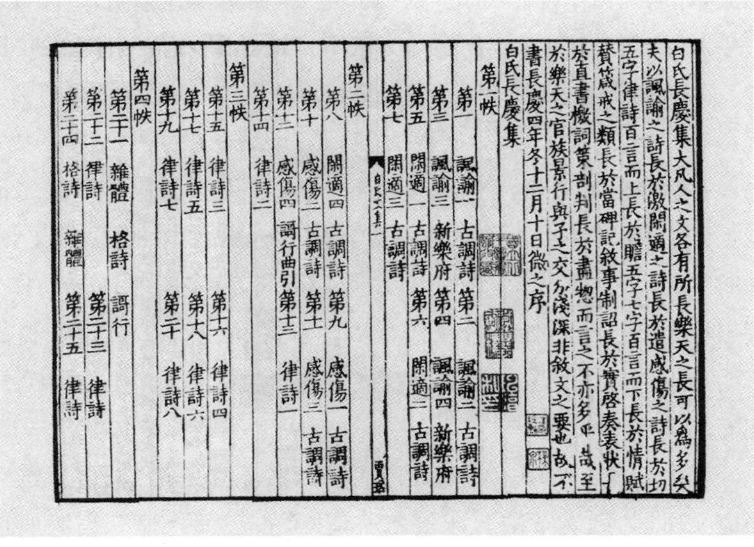
白氏長慶集大凡人之文各有所長樂天之長可以為多矣
夫以諷諭之詩長於激閑適之詩長於遣感傷之詩長於切
五字律詩百言而上長於贍五字七字百言而下長於情賦
贊箴戒之類長於當碑記敍事制詔長於實啓奏表狀
長於直書檄詞策剖判長於盡總而言之不亦多乎哉至
於樂天之官族景行與予之交分淺深非敍文之要也故不
書長慶四年冬十二月十日微之序
白氏長慶集
第一帙
第一 諷諭一 古調詩 第二 諷諭二 古調詩
第三 諷諭三 新樂府 第四 諷諭四 新樂府
第五 閑適一 古調詩 第六 閑適二 古調詩
第七 閑適三 古調詩
第二帙
第八 閑適四 古調詩 第九 感傷一 古調詩
第十 感傷二 古調詩 第十一 感傷三 古調詩
第十二 感傷四 謌行曲引 第十三 律詩一
第十四 律詩二
第三帙
第十五 律詩三 第十六 律詩四
第十七 律詩五 第十八 律詩六
第十九 律詩七 第二十 律詩八
第四帙
第二十一 雜體 格詩 謌行
第二十二 律詩 第二十三 律詩
第二十四 格詩 雜體 第二十五 律詩

图 22 宋刻本《白氏长庆集》

书风气,自有变化。所谓白口单边,乃初见形式;后起的,都是左右双边,四周双边的也有,南宋刻的黑口的也有,要在随时留意辨之而已。

(二)行款。宋刻较旧的,每行字数往往多寡不一,是仿古卷子本体式。日本早稻田大学藏六朝人写本《礼记》,每行二十八九字至三十字不等;狩谷望之藏古写《礼记单疏》残卷,每行二十六七字,可证。此外宋刻每行字数,和每版行数相等的也有,如每版二十行,则每行二十字,惟不多见,亦非重要特点。

(三)字体。宋版字体有肥瘦两种,瘦者学欧柳,张应文所谓"有欧柳笔法"、孙从添所谓"秀雅古劲"是也。肥者学颜,气魄雄伟,而不笨拙,谢肇淛所谓"笔势生动"是也。学欧柳而生硬,便如枯柴,如明嘉靖本往往如是;刚劲而生动,是为宋刻妙处。刻书有好手写,又要有好手刻,合之乃为两美,孙从添所谓"刻手古劲"是也。张菊生先生所谓"审别宋版,只看刀法",亦是此意。

(四)墨色。宋刻书,墨色香淡,是孙从添说的。我所见宋刻书,嗅之,果然有一般清香气味。高濂所说"用墨稀薄",即淡之谓也。张应文说"墨色青纯",亦是香淡之意。惟北宋刻的两《汉书》(图23、图24),据传说,墨如点漆,与众不同,应作例外看。印书有用墨煤,和之以面粉胶水,以代替墨汁者,秽浊不堪。此法大概始于明万历以后,坊贾逐利,为减轻成本计而想出此法,宋人印书,未闻有用此法者。

(五)纸色。岛田翰所谓"白而硬",黄荛圃所谓"洁白厚纸",张应文所谓"纸质莹洁",谢肇淛所谓"笺古色而极薄",高濂所谓"纸坚刻软",孙从添说"纸质罗纹不同""纸色苍润",皆据所见而

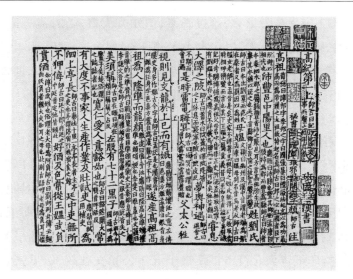

图 23　北宋刻本《汉书》

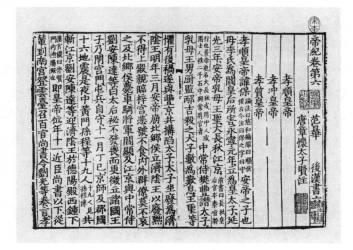

图 24　北宋刻本《后汉书》

言。实则纸之色类繁多，难以悉举，但知其大概，随时留心记之而已。宋刻流传至今者，以建本为多，因当时建本遍天下，印本多，流传自多。建本多是用竹纸印的，因闽北盛产竹纸之故。宋世竹纸，帘纹很阔，一般是两指宽，也有超过两指的。明代竹纸，帘纹止一指宽，与宋纸全不相似。

据纸色辨印本时代，原是一个最好办法；所苦的是所见不多，掌握不易。惟宋刻有以已经用过的纸背面印的，因为皮纸厚实，反面可印，而且宋时皮纸两面一样光洁。这样的纸印的书，对我们鉴别宋版，大有帮助。如《洪氏集验方》五卷，以淳熙七年官册纸背印刷；宋刻《战国策》，纸背有宝庆字，见至顺本吴师道序；《治平类编》四十卷，印纸皆为元符二年及崇宁五年公私文牍故纸，见张萱《疑耀》卷三；《北山小集》四十卷，印纸皆为乾道六年簿籍，有归安、乌程等县印记；《芦川词》二卷（图25），系宋时收粮案牍废纸印，见黄尧圃藏书题跋（图26）；今北京图书馆藏有宋聂崇义的《三礼图集注》二十卷（图27），宋淳熙二年镇江府学刻本，公文纸印。

（六）牌记。上举诸家之说，未及牌记，实则牌记是鉴别旧刻的最好证据。宋刻除官刊本外，私刻、坊刻，多有牌记（图28），亦叫墨围，记刻书者堂名人名，年月或有或无，详略不一。一见牌记，再看其他各点相合，即可审定其为何本。惟须谨防假牌记，因这证据最容易使人相信，故作假的牌记骗人的也就更多了。审别版本，仅据一点，极易上作伪者圈套，不可不慎。

（七）讳字。宋刻书，多有讳字，尤其是官刻本，避讳极严，坊刻每多忽略。宋太祖名匡胤，太宗名匡义，后更名炅，真宗名恒，仁宗名祯，英宗名曙，英宗父濮安懿王名允让，神宗名顼，哲宗名煦，

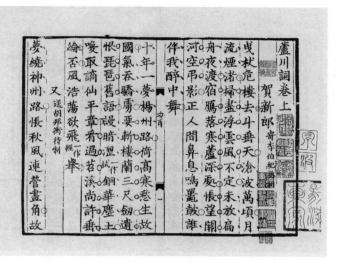

图 25　宋刻本《芦川词》

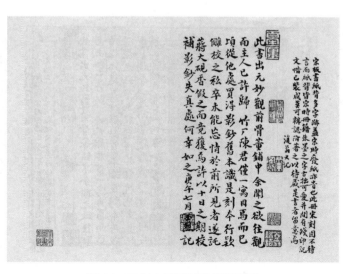

图 26　宋刻本《芦川词》黄荛圃跋

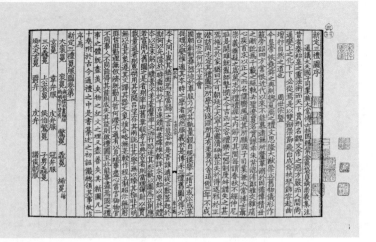

图 27　宋淳熙二年镇江府学刻本《新定三礼图》

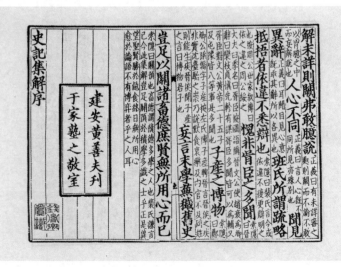

图 28　宋建安黄善夫家塾刻本《史记》牌记

徽宗名佶，钦宗名桓，这是北宋的讳字；南宋高宗名构，孝宗名昚，光宗名惇，宁宗名扩，理宗名昀，度宗名禥，恭帝名㬎：凡胤、炅、恒、祯、曙、让、顼、煦、佶、桓、构、慎、惇、扩、昀、禥、㬎诸字，皆须缺末笔，以示避皇帝讳。又上举十七字，同音字，谓之嫌名，亦须缺笔避讳。宋讳特别严格。又宋太祖的高祖父名朓，曾祖父名珽，祖父名敬，父名弘殷，凡朓、珽、敬、弘殷诸字及嫌名，皆须缺笔。又有玄朗、轩辕诸字及其嫌名，与上同例。玄朗为赵氏始祖，见李焘《通鉴长编》载大中祥符时一段神话；轩辕为黄帝名号，必须避讳，见大中祥符七年六月已卯诏。讳者，隐也，避也。古时人死之后，其子孙为敬其祖先之故，不愿别人叫其祖先名字，故谓之讳。故古人有入境问禁、入门问讳之礼(《礼记·曲礼上》)。皇帝之讳尤严。缺笔大抵表示不成字，是隐讳之意。据程大昌《演繁露》说："本朝著令，则分名讳为二：正对时君之名，则命为御名；若先朝帝名，即改名为讳，是为庙讳。"宋人避讳制度见此。例如南宋高宗名构，若书刻在高宗时，则遇构字，改刻御名二小字，或作今上御名四小字；若书刻在高宗既死之后，则构字缺末笔，所谓庙讳是也。此例，宋版书往往见之，程大昌之言不诬也。但是虽著为令，而刻书者，多不大遵守。孝宗时刻的书，仍旧慎字缺笔，不作御名二小字的例，屡见不鲜。《铁琴铜剑楼书目》所载宋版书，我曾经查过，此例见到不少，由此可见名讳分别之律，执行并不是很认真的。此外，是避外戚讳。宋代十七个皇帝，外戚不计其数，其中避讳的，据我所知只有一个，即宋仁宗的母后刘太后的父亲，名通，通字避讳。祖名庆，庆字避讳。刘太后为人很专横，她要全国人给她的祖父、父亲避讳(俗传狸猫换太子，即演刘太后故事)，日本高山寺藏《齐民要术》，通字缺笔,即避刘太后父亲讳(仁宗明道间即不复讳)。讳字缺笔是通例,但也有改字的,如宋淳祐刻的四书:《大学》"先慎乎德"、《论语》"慎终追远"两慎字,皆改为谨字;"殷礼吾能言之",殷字改为商字;"揖让而升",让字改为逊字,例见《经籍跋文》。这种改字是错误的。避讳通例,《诗》《书》不讳,今改经文,与通例抵牾。

(八)装潢。宋刻书的装潢,是蝴蝶装,简称蝶装。凡书一版印刷下来,即为一叶,将书叶反折(有字的一面向里故叫反折),版心向里,四周向外,折叠起来,而以糊黏其脑,再用褾纸包装起来,便成一册书。这种装潢,目的在保护版心,即书脑,四周外向,即有鼠啮,仅四周伤损,而版心可不受损伤,翻阅时,像蝴蝶,故叫蝶装(图29)。浙馆收藏的《通鉴纪事本末》宋严陵小字本,即为黄绫包背蝶装。明代内府藏书,宋人诸集,十之八九皆为蝶装宋版(见谢

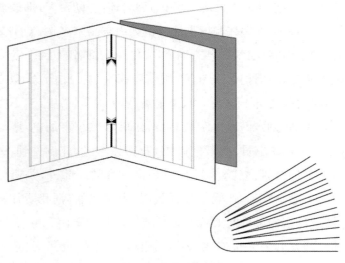

图29 蝴蝶装示意图

肇淛《五杂俎》）。蝶装用糊黏其脑，容易懂得。另有一种用线缝的，是张邦基的《墨庄漫录》引王洙说："作书册，粘叶为上，久脱烂，苟不逸去，寻其次第，足可钞录……若缝缋，岁久断绝，即难次序。"语甚简略，颇难理会。据我推想，大概书叶反折，必须黏脑，成为蝶装；若缝缋，则书叶必须顺折，版心向外，如今之线装书样式。除此两种形式之外，更无其他缝缋之法。线缝书，线断，书叶散了，即难次第拼拢；蝶装，即脱落，犹在一裱纸之内，寻其次第，比较省事，故王洙说"作书册，粘叶为上"。宋三馆（昭文、史馆、集贤院）藏书，无论黄本（黄纸写的）、白本（白纸写的），皆为黏叶，即蝶装（见《通雅》卷三十二引宋王洙、张子贤说）。

说到宋人蝶装，就要连带说到唐人旋风装（图30）。旋风装，由卷子变化而来，卷子本卷舒很不方便，因此，唐人于时常翻阅之书，改用旋风装。旋风装的做法，国内学人，罕有说得明白的。日本人岛田翰自言见过这种装潢，是取卷子折叠成册，两折一张裱

图30　敦煌写本《易三备》

纸,黏于册的首尾即成,翻阅时,宛转如旋风,故叫旋风装。折叠时,像一册书,拉起来,像一囊子,因首尾黏于褾纸,故两不相离。我们翻书时,叫逐叶翻过去,宋人叫逐旋,见宋吕希哲的《吕氏杂记》,所谓逐旋,犹沿唐人旧称。我们看书,说看了一叶,宋人说看了一版,因为蝶装书一翻开即是一版,和我们现在的线装书不同。

以上八点,是宋版书的特点之显著者,据我所知的,拉杂谈谈,此外不具论。

宋刻书,在明末,即以叶论价,汲古阁主人毛晋"性嗜卷轴,榜于门曰:有以宋刻本至者,门内主人计叶酬钱,每叶出二百;有以旧抄本至者,每页出四十"(见《汲古阁主人小传》)。至清嘉道之世,价益高,黄荛圃书跋有云:"闻有无锡浦姓书贾……持残宋本《孟东野集》,索值,每叶元银二两。"(图31)骇人听闻如此。究竟宋刻好在何处,讨论一番,我认为是有必要的。

宋人评宋刻,以余所知,如叶梦得《石林燕语》云:"今天下印书,以杭州为上,蜀次之,福建最下。京师比岁印板,殆不减杭州,而纸不佳。蜀与福建,多以柔木为之,取其易成而速售,故不能工。福建本几遍天下,正以其易成故也。"这是就地方而论,品其甲乙,以杭州为上,建刻为下。近人对宋浙刻本说是:"浙本字体方正,刀法圆润,在宋本中,实居首位。""(宋)国子监刊书,若《七经正义》、若《史》《汉》三史,若南北朝七史,若《资治通鉴》、若诸医书,皆下杭州镂版。北宋监本刊于杭者,殆居大半。"(王国维说)由此,可知杭刻不但写刻精工,而数量亦很多。王国维有《两浙古刊本考》,胪列书名甚多,可证。"医方一字差误,其害匪轻,故以宋刻为善"(明高深甫语),宋刻医书(图32),多出于杭,是亦杭本可贵之一证。宋

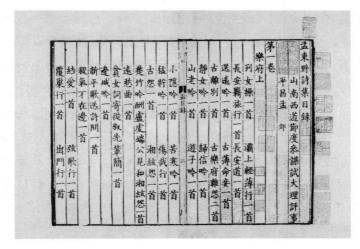

图 31　宋刻本《孟东野诗集》

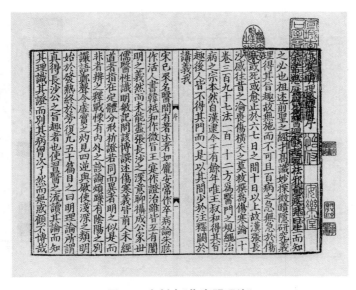

图 32　宋刻本《伤寒明理论》

王明清《投辖录》载："近岁淮西路漕司下诸州，分开《圣惠方》，而舒州刊匠以佐食钱不以时得，不胜忿躁，凡用药物，故意令误。"若此等医书，害人真不浅。周密《癸辛杂识》云："廖群玉诸书……九经本最佳，凡以数十种比较，百余人校正而后成。以抚州萆钞纸、油烟墨印造，其装禙至以泥金为签。然或者惜其删落诸经注，反不若韩、柳文为精妙。"廖氏刊本出于杭，极有名，故说宋刻以杭刻为最，正确可信。宋刻并非无处不善、无书不佳，时至今日，以其传本太少，故不论何地刻，何种书，人皆以拱璧视之，以叶论价。抗日战争前，浙馆收购宋刻《名臣碑传琬琰集》（图33），是建本，叶石林所称宋刻最下之本，而每叶价达银元五枚，亦以其流传太少之故。物以少为贵，近乎收购古董了；是又不然，建本在宋刻最下，而比以后刊

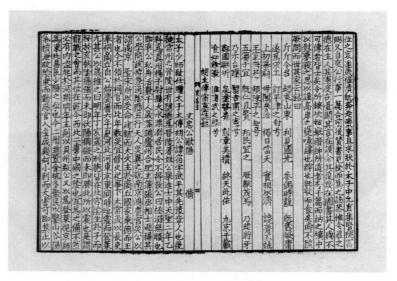

图33　宋刻本《名臣碑传琬琰集》

本，又为最上矣，与古董不可并论。

明高深甫说："宋版书刻，以活衬竹纸为佳，而蚕茧纸、鹄白纸、藤纸固美，而所遗不广，若糊褙宋书，则不佳矣。"这是以宋刻印纸装潢评优劣，是重外观，鉴赏家的说法。明胡应麟说："今书贵宋本，以无讹字故……余所见宋本，讹者不少，以非所习，不论。"此以宋刻内容评优劣，实是中肯之论，而以"非所习不论"一语了之，则非。清王士禛说："今人但贵宋椠本，顾宋板亦多讹舛，但从善本可耳。"（《居易录》）此论与胡应麟相仿，不免苛察。清陆贻典说得好，他说："古今书籍，宋版不必尽是，时刻不必尽非，然较是非以为常，宋刻之非者居二三，时刻之是者无六七，则宁从其旧也。"此论真是透辟之至。黄荛圃、顾千里为清代嘉道之际精通版本学大家。黄氏以为书以愈旧愈佳，即最先刻者为佳，说明刻不如元刻，元刻不如宋刻，历举诸证，以明其说之不谬，为节省篇幅计，不多引文。顾千里甚至说："宋本书，无字处亦好。"无字空白，有何好处？这里自有道理。顾氏所见《韩非子》景宋抄本第十卷第七叶原缺，而赵文敏本有此一叶，是据《道藏本》补写。何以知之？因计算行数字数，所补之叶，不足数，以是知之。因此顾氏断定此叶文字，必非宋刻之旧，乃说"宋版无字处亦好"。顾氏力主"书以弥古为弥善"，与黄氏同。平心而论，书经三写，以帝为虎，书经三刻，亦必以鲁为鱼，宋刻，即建本亦非元、明两刻所能及。有人举元刻之极精者，与宋刻之下者相比，谓元刻胜宋刻，这是以一点概全面之论，不足取。日本人河田羆论宋刻之可贵有三点："（一）印本书，至宋而渐精工；（二）古来所传抄经传，审核不苟，足以观古书本真，宋刻尚存其典型，当共贵重；（三）明以后辗转抄写，或坊刻滥有改增，不免讹舛错脱,非宋刻无可以订正。"此说是很对的。唐人旧本,宋世尚多有存者,刻本据旧本校刊,最为接近原书本来面目,最为可靠。唐太宗时,书本文字有异同时,以六朝旧本为正。宋时刊书校雠,以唐人旧本为准,此乃必然之势。宋刻之可贵,其接近旧本这一点为最主要;其他刊刻精工,校雠精审,犹其次也。近人有谓宋刻精美,可以作为艺术品来欣赏,此说我不敢苟同。古书有用的,即好好地利用,认为无用,置之可也,今天不用,明天说不定有用,夏葛冬裘,各有时用,将宋刊作为艺术品来欣赏,那是艺术家的看法。

宋刻建本,在当时人不加重视,而在今天,亦以叶论价,书以旧刻为贵,无庸置疑。所谓建本,即指福建建阳县的麻沙书坊刻的书而言的。建阳有麻沙、崇化两个市镇,都以刻书著称于世,崇化名稍微。此两镇居民,多以刻书为业。宋世称为图书之府(见《方舆胜览》),所刻之书至多,所谓"行四方者,无远不至"(见朱熹《建阳县学藏书记》)。两处刻书,多出刘剡校正(剡号仁斋,崇化人,博学不仕),见嘉靖《建阳县志》。福建多榕树,所谓柔木易刻,当即指此;闽北盛产纸,构成刻书的两大要件。宋大儒杨时,是浦城人,继统洛学,门徒甚众。浦城与建阳是邻县,影响所及,文风自振,刻书之又一条件也具备。麻沙、崇化刻书之盛,决非偶然的事。麻沙坊毁于元季,崇化尚存(见嘉靖《建阳县志》)。至明弘治十二年,麻沙又被火,古今书版,荡为灰烬。正德、嘉靖间,又渐兴起。嘉靖五年,以建阳书版,字多讹谬,遣翰林侍读汪佃去建阳,任校刊之责(见梁章钜《归田琐记》)。麻沙掌故,我所知者,仅此而已。

麻沙本书(图34、图35),有特殊风格:其字画起笔、转笔、止

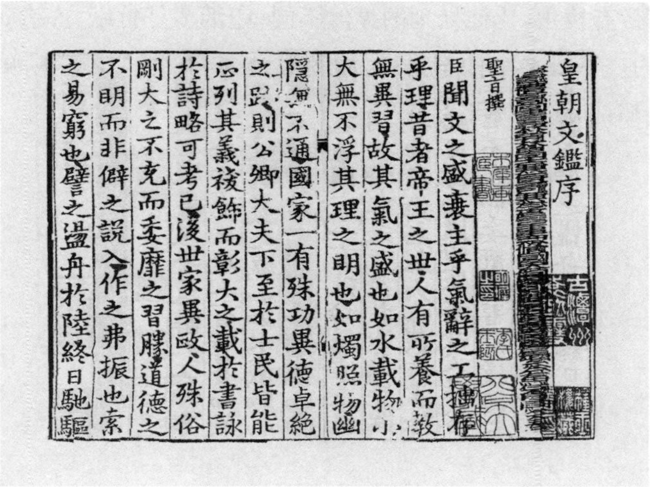

图34　宋麻沙刘将仕宅刻本《皇朝文鉴》

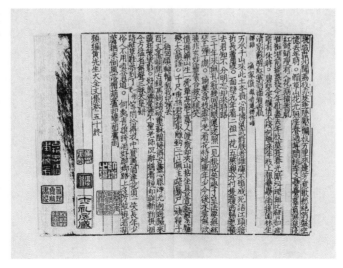

图35　宋麻沙水南刘仲吉宅刻本《类编增广黄先生大全文集》

笔，都带有棱角，比他处刻的显然不同；印纸多是竹纸，亦有黄粗皮纸印的。不但宋麻沙本如此，元麻沙本亦如此，今浙馆所藏宋元本，大都是麻沙本，可证。

辽、金刻本

辽刻的书，传本极少。当宋太宗至道三年，即辽圣宗统和十五年，有幽州僧行均，著《龙龛手镜》成，那时辽国书禁甚严，“有将书传入中国者，法皆死”，直至宋神宗熙宁时，才有人偷偷地传入宋地，为傅钦之所得。后来蒲宗孟帅浙西时，乃取以镂版，为避宋太祖祖父嫌名，改镜为鉴，是书今有传本(图 36)。除此书外，未闻有他书传入宋地。

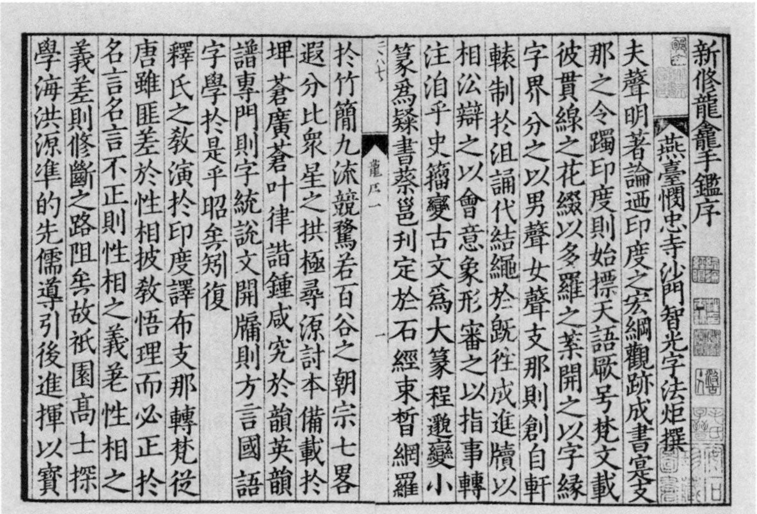
新修龍龕手鑑序
燕臺憫忠寺沙門智光字法炬撰
夫聲明著論迺印度之宏綱觀跡成書寔支
那之令躅印度則始摽天語歟另梵文載
彼貫線之花綴以多羅之葉開之以字緣
字界分之以男聲女聲支那則創自軒
轅制扵沮誦代結繩於既往成進牘以
相沿辯之以會意象形審之以指事轉
注洎乎史籀變古文爲大篆程邈變小
篆爲隸書蔡邕刋定於石經東晳網羅
扵竹簡九流競鶩若百谷之朝宗七畧
遐分比衆星之拱極尋源討本備載扵
埤蒼廣蒼叶律諧鍾咸究於韻英韻
譜專門則字統説文開牖則方言國語
字學扵是乎昭矣矧復
釋氏之教演扵印度譯布支那轉梵從
唐雖匪差於性相披教悟理而必正扵
名言名言不正則性相之義差性相之
義差則修斷之路阻矣故祇園高士探
學海洪源準的先儒導引後進揮以寶

图 36　宋刻本《龙龛手镜》

辽刻《大藏经》，称《契丹藏》，很有名。始刊于辽兴宗时，当宋仁宗之世。书亦无传，但知其为梵夹本，每版几行、每行几字、每面几行，均未详。《佛典泛论》引《东文选》所载宓庵丹本《大藏庆赞疏》云："帙简部轻，函未盈于二百，纸薄字密，册不满于一千。"其情况大略如此。后高丽刻《大藏经》，即由《契丹藏》出。今《高丽藏》尚有存者，根据《高丽藏》，亦可略知《契丹藏》的梗概。

　　金刻本流传于世的比辽刻的多，因金人无禁书出国之律。但金刻书，从前辈记载，亦只知其大概情况而已。就地方说，金刻的中心地区止有平水县一处。平水在今山西境内，据说其地当在今新绛县境，地颇偏僻，兵事难以波及，故有坊刻行世。平水书坊著

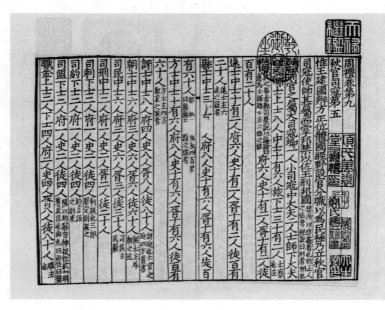

图37　金刻本《周礼》

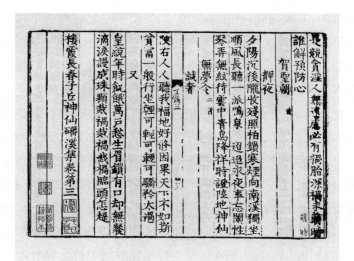

图38　金刻本《栖霞长春子丘神仙磻溪集》

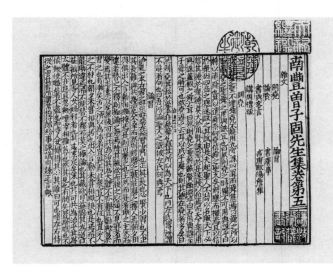

图39　金刻本《南丰曾子固先生集》

称于世的,有晦明轩,曾在泰和甲子,当南宋宁宗嘉泰四年(1204),刻《经史证类大观本草》三十卷,泰和丙寅,当宋宁宗开禧二年(1206),刻《丹渊集》四十卷、拾遗二卷、附录一卷,宋文同著;又有中和轩,正大戊子,当南宋理宗绍定五年(1232),刻《道德宝章》一卷。此外金刻有《孔氏祖庭广记》(见钱氏《曝书杂记》)、《李贺歌诗编》四卷、元好问编《中州集》十卷,见黄荛圃书跋;吴兢《贞观政要》,见《天禄琳琅书目》;北京图书馆藏有《周礼注》十二卷(图37)、《释音》一卷、《新修累音引证群籍玉篇》三十卷、《壬辰重改证吕太尉经进庄子全解》十卷,宋吕惠卿撰、《栖霞长春子丘神仙磻溪集》三卷(图38),金丘处机撰、《南丰曾子固先生集》三十四卷(图39)、《刘知远》十二卷(苏联国家对外文化联络委员会移赠)。

元 刻 本

"元时书籍,并由中书省牒下诸路刊行"(见《天禄琳琅书目》),"元人刻书,必经中书省看过,下所司,乃许刻印"(见明陆容《菽园杂记》),此制与宋治平以前刻书必先经国子监审核相似。开国之初,制度往往如此。据元刻《资治通鉴》王磐序:"京师创立兴文署,署置令、丞并校理四员,咸给禄廪,召集良工,剡刻诸经子史,版布天下,以《资治通鉴》为起端之首。"由此,知元初刻书之事,由兴文署掌握。其地方刻书,多由书院领其事,因元时州县皆有学田,以供师生廪饩,余款悉用以刻书,书院由山长主管。顾亭林谓书院刻书有三善:山长无所事,而勤于校雠,一也;不惜费,而工精,二也;版不储官,而易印行,三也(《日知录》)。刻书要校雠、要经费、要易于流通,三条件书院皆备,故其刻本颇精,为后人所称道。又元代全国书院有一百二十个,故所刻之书(图40、图41、图42)亦多,兹举其著者列后:

  兴贤书院(庐陵)   广信书院

  宗文书院   梅溪书院

  圆沙书院   西湖书院

  苍岩书院   武溪书院(庐陵)

  龟山书院   建安书院(建宁)

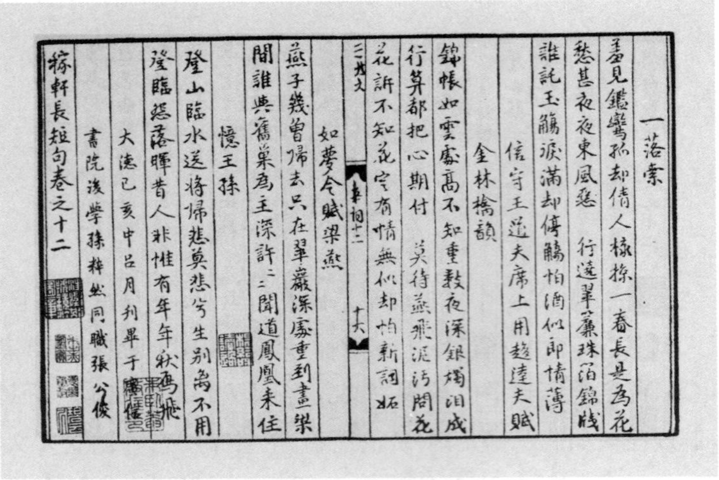

图40　元大德三年广信书院刻本《稼轩长短句》

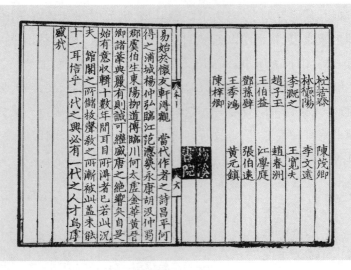

图41　元建阳张氏梅溪书院刻本《皇元风雅》

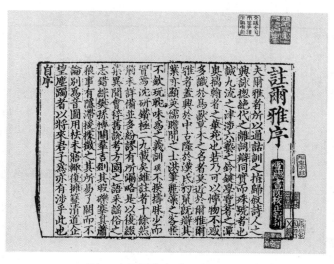

图42　元雪窗书院刻本《尔雅》

屏山书院　　　　　　豫章书院（沙阳）

南山书院　　　　　　临汝书院（抚州路）

桂山书院（茶陵）　　梅隐书院

雪窗书院

书院刻书，当不止此，兹据《书林清话》所收的，抄列于下，以作参考。有名为书院，而实为私刻者，如：

方回虚谷书院　　　　茶陵陈仁子古迂书院

詹氏建阳书院　　　　潘屏山圭山书院

郑玉师山书院　　　　平江路天心桥南刘氏梅溪书院

此外各路儒学刻书亦盛，其书口多有记载，兹不胪列其名。其他私刻、坊刻（图43、图44、图45、图46、图47、图48、图49）甚多，举其著者，列表于下，以便参考：

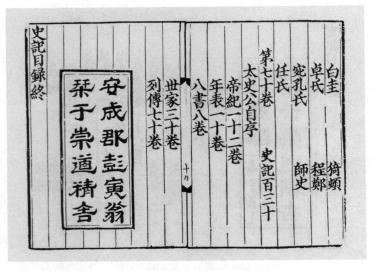

图43　元至元二十五年彭寅翁崇道精舍刻本《史记》

平阳府梁宅　　　　　　平水许宅

建安郑明德宅　　　　　陈忠甫宅

花溪沈氏家塾　　　　　云坡家塾

安成郡彭寅翁崇道精舍　虞氏南溪精舍

平水曹氏进德斋　　　　存存斋

孙存吾如山家塾益友书堂　孝永堂

平水高昂霄尊贤堂　　　范氏岁寒堂

复古堂　　　　　　　　丛桂堂

严氏存耕堂　　　　　　平阳司家颐真堂

唐氏齐芳堂　　　　　　汪氏诚意斋集书堂

麻沙刘通判宅仰高堂　　精一书舍

范文正公集叙

慶曆三年軾始總角入鄉校士有自京師來者以魯人石守道所作慶曆聖德詩示鄉先生軾從旁竊觀則能誦習其詞問先生以所頌十一人者何人也先生曰童子何用知之軾曰此天人也耶則不敢知若亦人耳何爲其不可先生奇軾言盡以告之且曰韓范富歐陽此四人者人傑也時雖未盡了則已私識之矣嘉祐二年始舉進士至京師則范公殁既葬而墓碑出讀之至流涕曰吾得其爲人蓋十有五年而不一見其面豈非命也歟是歲登第始見知于歐陽公因公以識韓富皆以國士待軾曰恨子不識范文正公其後三年過許始識公之仲子今丞相堯夫又六年始見其叔彝叟京師又十一年遂與其季德孺同僚于徐皆一見如舊且以公之遺藁見屬爲叙又十三年乃克爲之嗚呼公之功德蓋不待文而顯其文亦不待叙而傳然不敢辭者自以八歲知敬愛公今四十七年矣彼三傑者皆得從之游而公獨不識以爲平生之恨若獲挂名其文字中以自託於門下士之末豈非疇昔之願也哉古之君子如伊尹太公管仲樂毅之流其王覇之略皆定於畎畝中非仕而後學者也淮陰侯見高皇帝於漢中論劉項短長畫取三秦如指諸掌及佐帝定天下漢中之言無一不酬者諸葛孔明卧草廬中與先主策曹操孫權規取劉璋因蜀之資以爭

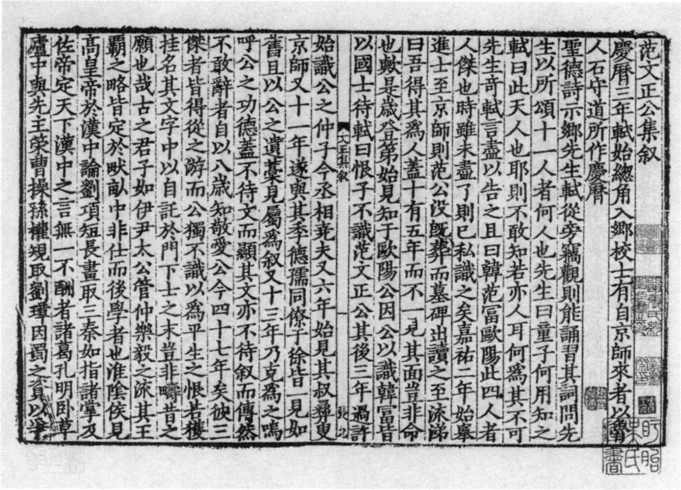

图 44　元范氏褒贤世家家塾岁寒堂刻本《范文正公集》

不濟事古人說詩可以興須是讀了有興起處方是讀詩若不能興起也便不是讀詩 本之

○必大問以詩觀雖千百載之遠人之情僞只此而已更無兩般曰以其看來須是别換過天地方别換一樣人情况天地無終窮人情安得有異 必大

○某舊時看詩數十家之說一一都從頭記得這一部詩并諸家解都包在肚裏凡先儒解經雖未知道然其盡一生心力縱未說得七八分也有三四分且須熟讀詳究以審其是非而爲吾之益今公才看着便妄生去取肆以己意是發明得箇甚麼道理公且說人之讀書是要將作甚麼用所貴乎讀書者是要理會這箇道理以反之於身爲我之益而已 僩

語録輯要

泰定丁卯仲冬
翠巖精舍新刊

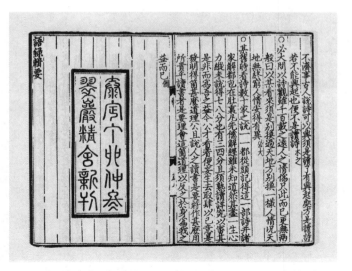

图 45　元泰定四年建安刘君佐翠严精舍刻本《诗集传附录纂疏》

崇川书府	商山书塾
溪山道人田紫芝英淑	平阳道参幕段君子成
云衢张氏	盱南孙氏
建安蔡氏	建安刘承甫
建安詹璟	刘震卿
龙山赵氏国宝	刘君佐翠岩精舍（至明代犹存）
西园精舍（明初犹存）	梅轩蔡氏（明弘治犹存）
刘锦文日新堂、三桂堂	高氏日新堂
平阳张存惠堂	燕山窦氏活济堂
建安陈氏余庆堂	建安朱氏与耕堂
建安同文堂	建安万卷堂
麻沙万卷堂	董氏万卷堂
云衢会文堂	积庆堂
德星堂	万玉堂
胡氏古林书堂	日新书堂
梅隐书堂	妃仙陈氏书堂
叶辰南阜书堂	敏德书堂
李氏建安书堂	富沙碧湾吴氏德新书堂
桃溪居敬书堂	庐陵泰宇书堂
积德书堂	双桂书堂
一山书堂	妃仙兴庆书堂
秀岩书堂	云庄书堂
麻沙刘氏南涧书堂	三巨石林叶敦
书市刘衡甫	闻德坊周家书肆

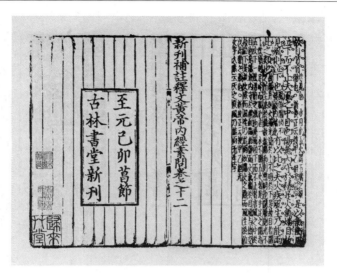

图46　元至元五年胡氏古林书堂刻本《新刊补注释文黄帝内经素问》

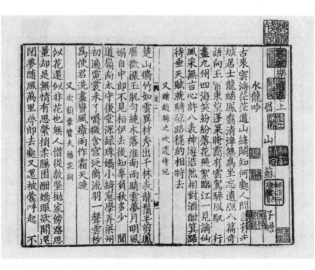

图47　元延祐七年叶辰南阜书堂刻本《东坡乐府》

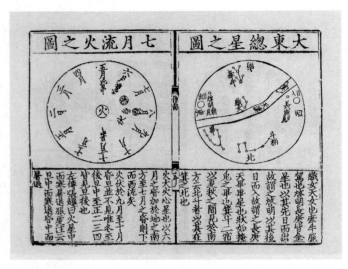

图 48　元至正十一年双桂书堂刻本《诗集传名物钞音释纂辑》

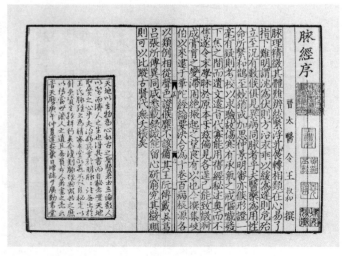

图 49　元天历三年广勤书堂刻本《新刊王氏脉经》

建阳刘氏书肆	建阳书林刘克常
建安虞氏务本书堂	建安郑天泽宗文书堂（明代犹存）
杨氏清江书堂（明代犹存）	叶氏广勤堂（明代犹存）
建安吴氏友于堂	

以上所列私刻、坊刻，仅据叶氏《清话》录入，间亦有为我补入的，不过窥豹一斑，当时私刻、坊刻必不止此数。

元刻最显著的特点有二：一是黑口，二是赵吴兴（孟頫）字体。书之黑口，起于南宋之世，如宋刻《琴趣外篇》，即继黑口，可证。书之黑口，即一版中线，折书时，可据中线折之，由此可证线装起于南宋之世。后来用大黑口，意义全失。元刻黑口，是就一般情况而言，并非元刻即无白口，如元刻《玉海》（图50）即是白口，可证。赵体字秀逸，柔软之姿，具有刚劲之气，甚觉可爱。

元版除黑口字体之外，版心也有上记字数，下记刻工姓名的，也有不记的，并非主要特点。

元刻印纸，常用者，是竹纸，比宋纸稍黑（见《五杂俎》），皮纸则极薄而粗黄（见浙馆藏《玉海》）。但也有极好的，如马祖常《石田集》，其印纸洁白如玉，而又坚韧；《范文正公事迹》，元延祐刊本，纸坚白而极薄；杭州大学藏的《玉海》，纸洁白可爱，钱泰吉《曝书杂记》说"《玉海》元板初印者，白纸甚厚，允为《玉海》所见本之冠"，杭大藏本，当是初印。宋版书常有以纸背印的，元版书亦然，元刻《增修互注礼部韵略》（图51），其印纸即为元时户口册，载有"湖州路某县某人，云宋民户，至元某年归顺"字样，见《滂喜斋藏书记》。此种纸背印的书，不但可借以证定其刊刻时代，而且可知其为某处刊

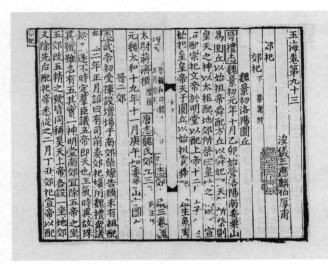

图 50　元至元六年庆元路儒学刻本《玉海》

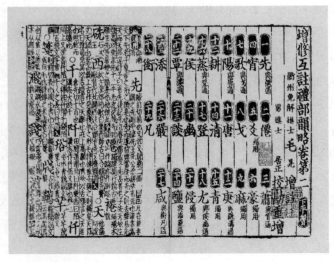

图 51　元至正十五年日新书堂刻本《增修互注礼部韵略》

本,如《礼部韵略》印纸为湖州户口册,可知其书刊于湖州,藏书家称之为官库本是也。

元版书,明高濂斥之曰"用墨秽浊",其实也有好的,不可一概而论,如《范文正公事迹》,墨如点漆,可证。

元版书无讳字,此与宋刻不相同,也是不甚重要特点之一。

元代私刻、坊刻,大都有牌记,此大有助于版本之审定;但翻本照样刻牌记的也有,不可不注意。

明　刻　本

　　有明一代，官刻之书，如内府刻的、各直省刻的，见于周弘祖《古今书刻》中者很多，惜仅举书名，无刊刻年代。内府刻书，由司礼监领其事。司礼监，为明初设置的十二监之一，其地位为最高，在十二监中，为第一署，其首长与首揆相等。司礼监设有汉经厂、番经厂、道经厂（见《野获编》）。汉经厂，专刻本国四部书籍，番经厂所刻，当是佛经之类，道经厂所刻，当是道藏，因此后人称其所刻本为经厂本。经厂本多是黑口、白纸、赵体字，很容易辨别，形式颇为美观，惜校雠不精，后人不甚重视。此外各部院及南北国子监，亦有刻，而尤以南京国子监刻的为最多。各直省所刻，以苏州府刻的为最多，淮安府次之。各省中，惟福建有书坊，坊刻之书，四部皆备，其数量比苏州多两倍不止。此书坊即指建阳麻沙、崇化两坊而言，坊贾射利，人人能刻、能印、能卖，所以多耳，多而不精，后人亦不甚爱惜。藩府刊刻（图52）亦盛，而《古今书刻》中所记，有弋阳王府、淮府、益府、楚府、吉府、辽府、汝府、赵府、德府、鲁府、代府、秦府、韩府、庆府、蜀府，凡十五府。上海图书馆藏有潞藩刻的《琴谱》《棋谱》。此外私刻、坊刻多不胜举。

　　明刻就一般情况而言，则从成化、弘治，上溯至洪武，在此时期的刻本，犹承元时风气，多是黑口赵体字。前人说"书籍明刻而可

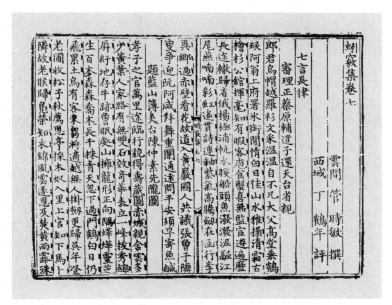

图 52　明永乐元年楚藩刻本《蚓窍集》

与宋元并者,惟明初黑口本为然",又说"明刻黑口宋人集,世以为珍"(见黄荛圃书跋),可见此时刻印甚佳,但经厂本怕要除外吧!自正德、嘉靖以降,黑口本绝无仅有,一般都是白口;而字体亦一变而为方体字,僵硬呆滞,劣者犹如枯柴,很不美观,万历以后,字体又一变而为横轻直重,颇类颜体字,其气派与嘉靖本又全不相似,天启、崇祯,字体又一变而为狭长的横轻直重的字样,气派更小,刻书虽是小事,亦足以见其国势日蹙,渐趋于衰亡的样子。此就江南刻书情况而言,若北方则不如此。山西刻的,刀法笨拙异常(据所见而言);陕西刻的,有一种用很多古体字的,所见有许宗鲁本(图53),其僵硬之态,真如斩钉截铁,粗野之极;惟济南刻的,见到几种

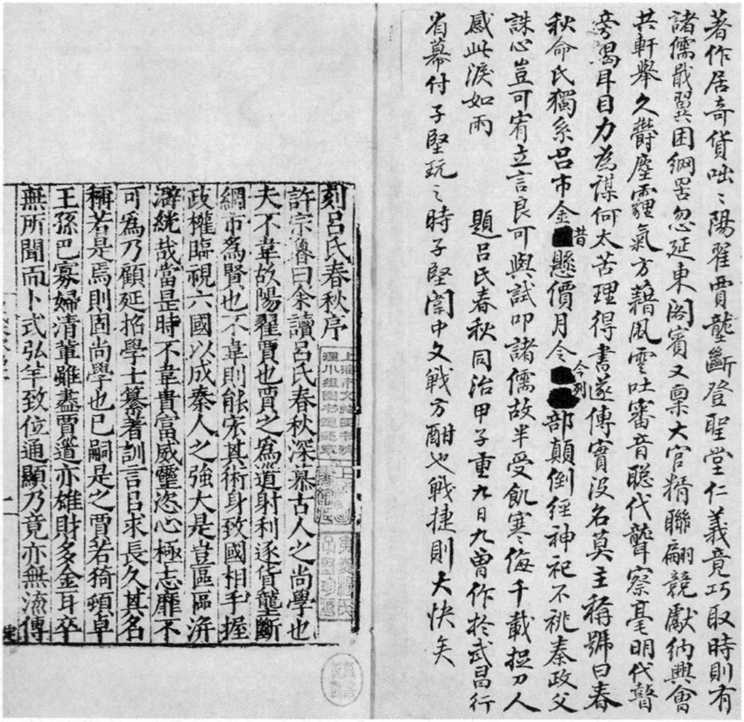

图 53　明嘉靖七年许宗鲁刻本《吕氏春秋》

嘉靖本，如田经校刻的《黄帝内经》犹有元人气息。

上面说的是就匠体字而言，若名家写刻本，则大不相同。有赵、有欧、有颜，各就专长，手写上版。若万历年新安汪一鸾刻的《淮南鸿烈解》写颜体；赵秉忠《琪山集》写欧体，带有北魏字体；四明万表的《玩鹿亭稿》写赵体：皆精美绝伦。又有文徵明手书《文温州集》，书虽未见，而藏书家见过的，都认为至宝。惟此类写刻本，总是占少数。

明人印书纸,据胡应麟说:"以永丰绵纸上,常山柬纸次之,顺昌书纸又次之,福建竹纸为下。绵贵其白且坚,柬贵其润且厚,顺昌坚不如绵,厚不如柬,直以价廉取称……大率闽、越、燕、吴所用刷书,不出此数者。燕中自有一种纸,理粗庞、质臃肿而最弱,久则鱼烂,尤在顺昌下,惟燕中刷书则用之。"按永丰县在江西,明人印书绵纸,原来取给于此。绵纸有极白而极薄的,有极白而厚实的,有粗而黄的,品类不一,其价高,坊刻罕有用者。竹纸价低,亦有高下:一种竹纸质极细而紧密,极细故润,紧密故坚,这是上品;一种质粗而松,为下品。其帘宽一指,或不到一指。万历以后印的书,以竹纸为最常见,嘉靖以前印的,绵纸为多,故明版书人多重视绵纸印的。

明人印书,用墨佳者罕见。万历以后(据张冷僧先生说自万历始),多用煤和以面粉,以代墨汁(明万历刻本《南京礼部编定印藏经号簿》,首列条约,中有一条云:"作料:烟煤五篓,银壹两;面伍百斤,银叁两。"这是明万历时用煤、面调和印书之确证)。取其价廉,成本轻。这种代用墨水,烟煤易于脱落,书叶成为大花脸,明季刊本,往往见之,丑恶异常,令人一见生厌。惟万历年徽版书,墨色有极精者,如所见《淮南鸿烈解》《程幼博墨苑》《方于鲁墨谱》之类,真所谓墨色青纯,可爱之至。

明刊本,若就地方而言,则苏、浙、皖、闽为刊刻中心地。明胡应麟说:"余所见当今刻书,苏、常为上,金陵次之,杭又次之。近湖刻、歙刻骤精,遂与苏、常争价。蜀本行世甚寡,闽本最下。""今杭本雕刻时义亦用白杨木,他方或以乌桕板,皆易就之故也。""吴会、金陵,刻本至多……海内商贾所资,二方十七,闽中十三,燕、越弗与也。""凡刻之地有三，吴也，越也，闽也……其精吴为最，其多闽为最，越皆次之。其直重，吴为最，其直轻，闽为最，越皆次之。"谢肇淛说："今杭刻不足称矣。金陵、新安、吴兴三地，剞劂之精，不下宋板。楚、蜀之刻，皆寻常耳。闽建阳有书坊，出书最多，而板、纸俱最滥恶，盖徒为射利计，非以传世也。近来吴兴、金陵，渐渐陷此病矣。"看上举两说，可知明刻以吴中刻本（图54）为最精，闽本最下。徽州、吴兴（图55）乃后起之秀，岂但与苏、常争价，实已超越苏、常。苏、常精刻，多在嘉靖之世，万历间，已让位于吴兴、新安了。有明一代，杭州刻书之业，凋弊不堪，无足称述。徽多巨商，饶于财，收书刻书，条件优越，故刻书有特别精美者，为他处所不及。

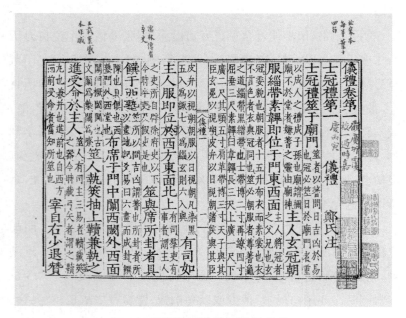

图54　明嘉靖吴郡徐氏刻本《仪礼》

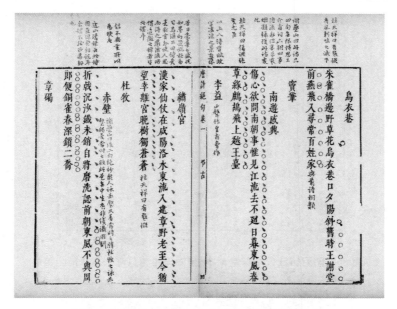

图55　明吴兴凌氏刻三色套印本《唐诗绝句类选》

嘉靖之世,吴中刻书最精,这与刻工技术精巧分不开。吴中刻书技工,如姑苏章仕、吴曜、吴时用、黄周贤、黄金贤,都是有名的写刻能手。黄周贤、金贤刻的书,《天禄琳琅书目后编》误认为宋刻,其雕镂之精可知。徽州名刻工尤多,如黄鋑(号秀野)刻《寂光镜》,黄应泰、黄应瑞刻《古今女范》《大雅堂杂剧图》,黄应光刻《集乐府先春》《琵琶记》《元曲选图》,黄鏻刻《养正图解》《程氏墨苑》,黄一楷刻《北西厢》,黄一彬刻《青楼韵语》《西厢五剧》,黄应组刻《坐隐图卷》《人镜阳秋》,汪忠信刻《海内奇观》,汪文宦刻《仙佛奇踪》,汪士珩刻《唐诗画谱》,黄子立刻陈章侯《博古叶子》,这些都是徽派名家(图56)。

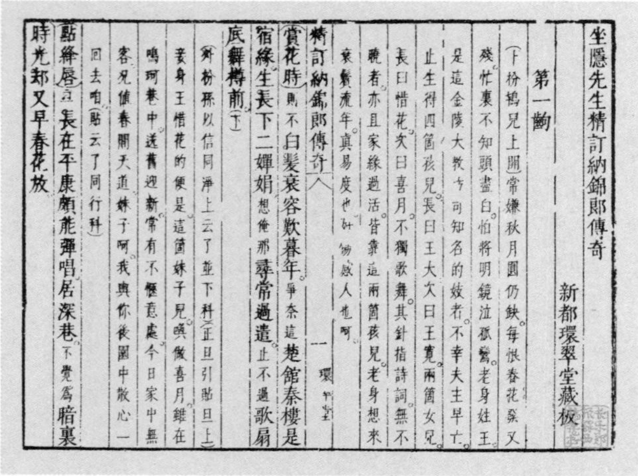

图56 明万历汪氏环翠堂刻本《坐隐先生精订陈大声乐府全集》

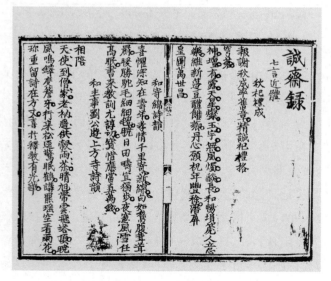

图57 明嘉靖十二年周藩刻本《诚斋录》

图 58　明嘉靖二十四年沈藩勉学书院刻本《雅音会编》

明代藩府刻书,上面已经提到过,兹据叶氏《书林清话》,补录宁藩、肃藩、唐府、晋府(宝贤堂,亦称志道堂,亦称虚益堂,又称养德书院)、周藩(图57)、徽藩(崇德书院,崇古书院嘉靖间刻《锦绣万花谷》)、沈藩(图58)、伊府、鲁府(敏学书院,亦称承训书院)、赵府(居敬堂,亦称味经堂)、辽藩(宝训堂,亦称梅南书屋)、德藩(最乐轩)、潞藩。各藩府堂名甚为重要,《古今书刻》不载,《清话》间有记录,而辽藩梅南书屋亦未录入,兹为补记。梅南书屋刻的《东垣十书》(图59),黑口绵纸,极精美。

明人刻书,人多以为太滥,有非议,其实精刻(图60、图61、图62、图63)亦不少,兹记其家数于下:

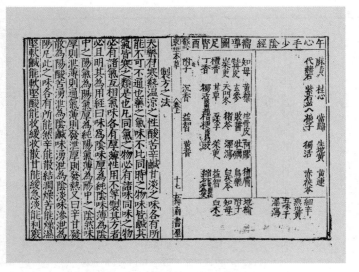

图 59　明嘉靖八年辽藩梅南书屋刻本《东垣十书》

丰城游明大昇(翻刻元中统本《史记集解索隐》一百三十卷)

吴郡沈与文辨之野竹斋(刻《韩诗外传》。又沈刻书亦有题繁露堂者,见《书林清话》)

凤阳郭勋(刻《元次山集》《白乐天文集》《三国志演义》等)

昆山叶盛箓竹堂(刻《云仙杂记》)

江阴涂祯(刻《盐铁论》极有名)

锡山安国桂坡馆(活字排印《颜鲁公集》《初学记》极有名)

震泽王延喆恩褒四世之堂(刻《史记》极有名)

吴郡金李泽远堂(刻《国语韦昭解》二十一卷)

吴郡袁褧嘉趣堂(刻《文选》极有名)

吴郡顾春世德堂(刻《六子全书》)

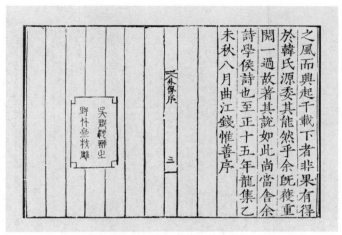

图 60　明沈氏野竹斋刻本《韩诗外传》

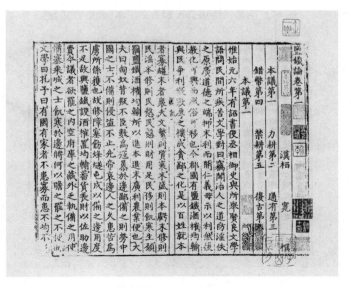

图 61　明弘治十四年涂祯刻本《盐铁论》

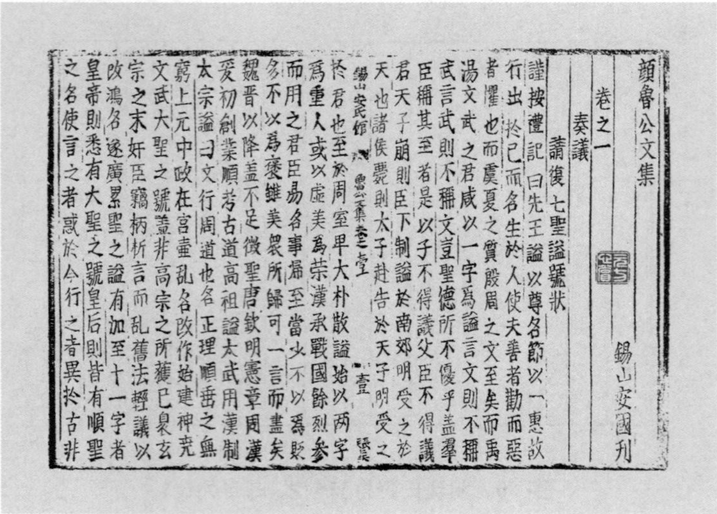
顏魯公文集
卷之一
錫山安國刊
奏議
請復七聖謚號狀
謹按禮記曰先王謚以尊名節以一惠故
行出於己而名生於人使夫善者勸而惡
者懼也而虞夏之質殷周之文至矣而禹
湯文武之君咸以一字為謚言文則不稱
武言武則不稱文豈聖德所不優乎蓋舉
臣稱其至者是以子不得議父臣不得議
君天子崩則臣下制謚於南郊明受之於
天也諸侯薨則太子赴告於天子明受之
錫山安氏館 魯公文集卷之一 壹
於君也至於周室卑大朴散謚始以兩字
為重人或以虛美為榮漢承戰國餘烈參
而用之君臣易名事歸至當少不以為貶
多不以為褒雖美衆所歸可一言而盡矣
魏晉以降蓋不足徵聖唐欽明憲章周漢
爰初創業順考古道高祖謚太武用漢制
太宗謚曰文行周道也各正理順垂之無
窮上元中政在宮壼乱名改作始建神尧
文武大聖之號蓋非高宗之所獲已泉玄
宗之末奸臣竊柄析言而乱舊法輕議以
改鴻名遂廣累聖之謚有加至十一字者
皇帝則悉有大聖之號皇后則皆有順聖
之名使言之者惑於今行之者異於古非

图 62　明嘉靖锡山安氏馆活字印本《颜鲁公文集》

澶渊晁瑮宝文堂(刻《昭德新编》《具茨集》《晁氏客语》《法藏碎金》等)

南平游居敬(刻韩、柳集)

余姚闻人诠(刻《旧唐书》,有名)

金台汪谅(刻《史记索隐正义》)

福建汪文盛(刻前、后《汉书》)

苏献可通津草堂(刻王充《论衡》)

东吴郭云鹏济美堂(刻柳集)

俞宪鴸鸣馆(刻《西溪丛语》)

东吴徐时泰东雅堂(刻《韩集》)

嘉禾项笃寿万卷堂(刻《郑端简奏议》)

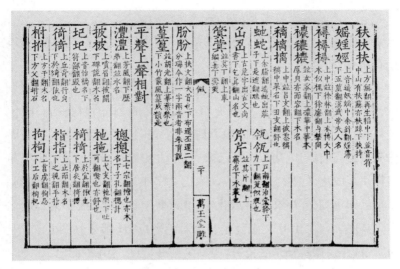

图63　明嘉靖六年孙沐万玉堂刻本《佩觿》

嘉禾项德棻宛委堂（刻陆友仁《研北杂识》）

松江马元调宝俭堂（刻《元氏长庆集》《白氏长庆集》）

邓渼文远堂（刻《唐文粹》）

高承埏稽古堂（刻《刘宾客佳话》《剧谈录》《云仙散录》）

吴氏西爽堂（刻《晋书》《三国志》）

万玉堂（刻《太玄经》）

吴郡杜诗（刻鲍彪《战国策注》）

元和吴元恭（刻《尔雅》）

顾元庆《四十家文房小说》

胡维新《两京遗编》

关中许宗鲁宜静书堂（刻《国语》，多古字）

薛来芙蓉泉书屋(刻《韩诗外传》)

上举诸家刻书，知名于世，录之以备参考。因所见不广，漏略必多，续有所见，再补。

明代罕见难得之书，录出以备采访：

黑口版天顺本《丹崖集》《大明一统志》，明刻《山窗余话》，明正统本《九灵山房集》，明刻《周职方诗文集》，正统本《后汉书》，正统周仲英重编高启《缶鸣集》，正统己未本《十九史略详解》，弘治刊本《葬书释注》，成化己丑本《灵棋经》，《顾氏文房小说》完本，正德卢江刻、嘉靖己卯重刻《浮溪文粹》，成化本《武溪集》，天顺本《藏春集》，成化本《勿轩集》，《昆山叶文庄公集》，有彩色图《程氏墨苑》(图64)。上面所录，亦仅据所知录之备考，明刻罕见书，岂止这几种而已。

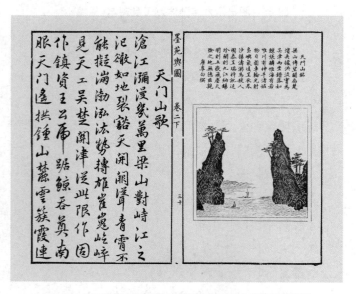

图64　明万历程氏滋兰堂刻彩色套印本《程氏墨苑》

明人私刻、坊刻书(图65、图66、图67、图68、图69、图70)至多,私刻者除上举诸家精刻者外,补记于下方,亦有助于鉴别。

紫阳书院	义阳书院
无锡崇正书院	广东崇正书院
九峰书院	芸窗书院
鳌峰书院	籍山书院
正学书院	东林书院
龙川书院	建溪精舍
詹氏进德精舍	凤山精舍
南星精舍	崦西精舍
古杭勤德书堂	遵正书堂
广成书堂	书林魏氏仁实书堂
歙西鲍氏耕读书堂	玉峰书堂
郃阳书堂	罗氏竹坪书堂
崇仁书堂	刘氏明德书堂
刘氏文明书堂	集贤书堂
陈氏存德书堂	锡山秦氏绣石书堂
崇文书堂	新贤书堂
吴氏玉融书堂	南星书屋
前山书屋	义乌沈氏楚山书屋
九洲书屋	梁氏安定堂
善敬堂	鳌峰熊宗立种德堂
叶氏南山堂	书林刘宗器安正堂或作安正书堂(刻书颇多)

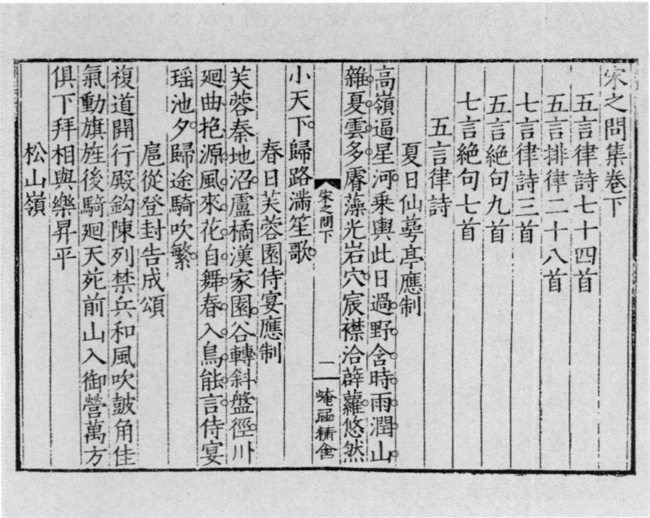

图 65　明崦西精舍刻本《宋之问集》

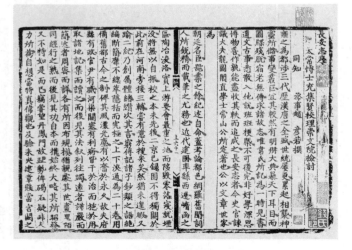

图 66　明成化四年郿阳书堂刻本《长安志》

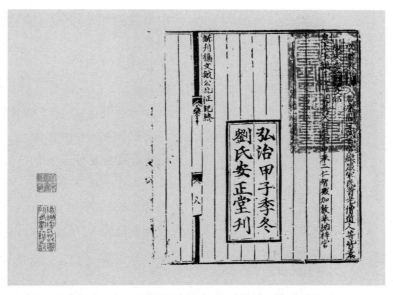

图 67　明弘治十七年刘氏安正堂刻本《新刊杨文敏公北征记》

皇甫氏世业堂	赣州府清献堂
南康府六老堂	书林叶一兰仁德堂
雷氏文会堂	浙江叶宝山堂
张之象漪兰堂	宝云堂
陈奇泉积善堂	徐守铭宁寿堂
吴公宏宝古堂	新都吴氏树滋堂
周氏博古堂	董氏万卷堂
书林龙田刘氏乔山堂	海虞三槐堂
叶益荪春昼堂	新都吴继仕熙春堂
熊氏卫生堂	明德堂

双柏堂	如隐堂（刻《洛阳伽蓝记》极有名）
豫章王氏夫容馆	翠岩馆
潘元度玉峰青霞馆	辨疑馆
清真馆	书户刘洪慎独斋（刻书颇多）
顾起经奇字斋	杨氏归仁斋亦称清白堂
纯白斋	武林冯绍祖观妙斋
泊如斋	豫章璩之璞燕石斋
真如斋	乔可传寄寄斋
双瓮斋	金陵奎璧斋
金陵文林阁	金陵富春堂

图 68　明隆庆五年豫章夫容馆刻本《楚辞》

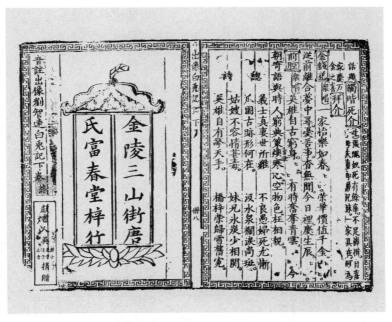

图69　明金陵唐氏富春堂刻本《音注出像刘智远白兔记》

单恂净名斋　　　　　　　　歙岩镇汪济川主一斋
霏玉斋　　　　　　　　　　徐焴万竹山房
江夏黄氏浮玉山房　　　　　乔世宁小丘山房
武林冯念祖卧龙山房　　　　椒郡伍氏龙池草堂
玉兰草堂　　　　　　　　　书林刘宽
书林余氏　　　　　　　　　书林龚氏
书林童文举　　　　　　　　书林董思泉
书林詹氏　　　　　　　　　国子监前赵铺
蓝山书舍（洪武）　　　　　刘氏博济药室

维杨资政左室　　蒋德盛武林书室
太元书室　　尹耕疗鹤亭
顾汝达万玉楼　　赣郡萧氏古翰楼
东里董氏茭门别墅　　龙丘桐源舒伯仁梁溪寓舍
吴兴花林东海居士茅一相文霞阁　　吴郡顾凝远诗瘦阁
众芳书斋　　三衢近峰夏相
扬州陈大科　　金陵王举直
金陵周对峰　　沈启南

上举私刻、坊刻名目，限于闻见，以后有见即补，以备查考。

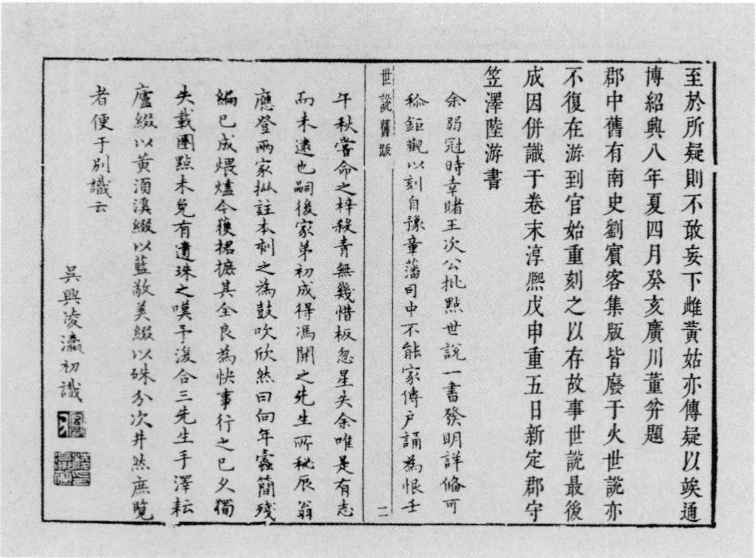
至於所疑則不敢妄下雌黃姑亦傳疑以竢通
博紹興八年夏四月癸亥廣川董弅題
郡中舊有南史劉賓客集版皆燬于火世説亦
不復在游到官始重刻之以存故事世説最後
成因併識于卷末淳熙戊申重五日新定郡守
笠澤陸游書
世說舊跋　二
余弱冠時幸睹王次公批點世說一書發明詳備可
稱鉅觀以刻自豫章藩司中不能家傳戶誦爲恨壬
午秋嘗命之梓殺青無幾惜板忽星失余唯是有志
而未逮也嗣後家弟初成得馮開之先生所秘辰翁
應登兩家批註本刻之爲鼓吹欣然曰向年囊簡殘
編已成煨燼今獲捃摭其全良爲快事行之已久獨
失載圈點未免有遺珠之嘆予復合三先生手澤耘
廬綴以黄須溪綴以藍敬美綴以硃分次井然庶覽
者便于別識云
吳興凌瀛初識

图 70　明凌瀛初刻四色套印本《世说新语》

有明一代，二百七十余年，所刻之书极多，《古今书刻》所录，犹其少焉者也。书籍是传播文化工具，书种不可使绝，刻书多，是大好事，任何人不能加以非议。但多而不精，缺点存在，亦应提出批评，引起后人注意，对学术研究，是有好处的。批评明刻，诸说纷纭，我这里引几家比较有代表性的议论，以见一斑。明郎瑛说："我朝太平日久，旧书多出，此大幸也；惜为福建书坊所坏。盖闽专以货利为计，但遇各省所刻好书，闻价高，即便翻刻。卷数目录相同，而于篇中多所减去，使人不知，故一部止货半部之价，人争购之。近徽州刻《山海经》，亦效闽之书坊，只为省工本耳。"（见《七修类稿》）郎氏此说，批评建阳坊刻，建阳有麻沙坊、崇化坊，专以刻书为业，前面已说过。建本之不善，众所公认，脱讹时见，自宋以来即如此，明刻更坏；但若谓建刻莫不任意减省篇中文字，那也不见得是事实。且坊贾图利，节省工本，偷工减料，凡书商莫不如此，不独建阳为然，郎氏独怪建刻，亦非公平之论。要之明代坊刻滥恶，我们应该知道，其中即有佳者，亦属罕有。

顾亭林有云："闻之先人，自嘉靖以前，书之锓本，虽不精工，而其所不能通之处，注之曰疑。今之锓本加精，而疑者不复注，且径改之矣。"（见《音学五书》）又云："万历间人，多好改窜古书，人心之邪，风气之变，自此而始。""山东人刻《金石录》，于李易安后序'绍兴二年玄黓岁壮月朔'，不知'壮月'之出于《尔雅》，八月为壮月，而改为'牡丹'。凡万历以来所刻之书，多'牡丹'之类也。"（见《日知录》卷十八）顾氏特斥万历本之不知妄作，郎瑛《七修类稿》亦有相似之说。郎氏云："东坡《跋和靖诗集》：'诗如东野不言寒，书似西台差少骨。'西台乃南唐李建中，今因不知李而改为西施，谬解远矣。"牡丹、西施两例，经郎、顾二家指出，对我们研究明刻，帮助很大。万历以后刊校古籍，确有此病，已成公论。不过顾亭林对嘉靖以前刻本，无贬词；其实嘉靖本也有很坏的。据王静安先生说：嘉靖刻的《张说之文集》，脱去二页，卷二十三内，脱文一篇，又脱落一行者几十处，悉据明抄本校正。王端履《重论文斋笔录》有云："成化刊本《周礼句解》，于经文任意删节。"可见嘉靖以前刻书，也有和万历一样缺点。黄尧圃、顾千里两家，对明版的批评颇深切。黄氏云："明人喜刻书，而又不肯守其旧，故所刻往往戾于古。即如此书（《提刑洗冤录》），能翻刻之，可谓善矣；而必欲改其卷第，添设条目何耶？"顾《跋广弘明集》云："明中叶以后刻书，无不臆改。此吴中玗本，以梵夹勘之，乖错极多。"又《跋蔡中郎集》云："天圣癸亥欧静辑本者，十卷、六十四篇，今为六卷、九十二篇，全属嘉靖时俞宪、乔世宁所改。明代人往往少学而好妄作，宜其无足据也。"黄、顾乃版本学大家，见闻极广，其所指出的明刻瑕疵，确系实情。但凡事总不免有缺陷，因其缺陷而抹煞其优点，是不对的。明刻精品亦不少，上面列举许多家数，如袁刻《文选》、王刻《史记》、赵刻《玉台新咏》（图71），人多误认为宋版；它如弘治本《盐铁论》、陆刻《史通》、顾氏《文房小说》（图72）、华氏安氏活字本，并著称于世；安氏桂坡馆活字版《颜鲁公集》《初学记》，在今日，其价之高，不下宋版；此犹在正嘉时代。若明初黑口本，与宋元本并驾齐驱，甚为名贵。从全面看来，明人刻书，还是好处多，坏处少。即如万历本，清代学者多鄙薄之，但徽版雕镂精美，校雠精审者，未尝不有，我上面已有提及。徽刻版面，雕印之精，独步一时，至今人争宝之。它如私家自刻诗文集，校勘写刻，都不肯苟且。只是坊刻射利之书，大多数确

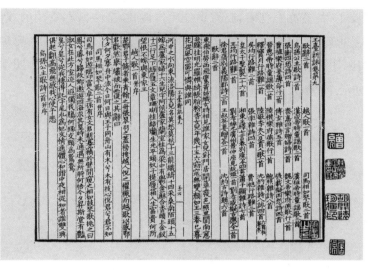

图71　明崇祯六年赵均刻本《玉台新咏》

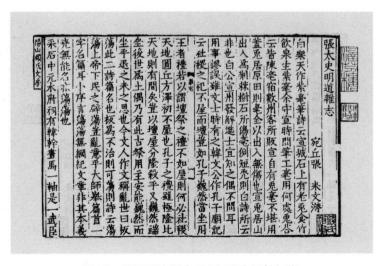

图72　明顾元庆刻本《阳山顾氏文房小说》

实要不得，然亦有佳者，赵万里先生告诉我，金陵富春堂刻的戏曲，都是很好的，可证。我们对宋元版书，有见必收，对明版书，要加以选择，丁氏《书志》之例，我认为正确可从。不过，时至今日，明季刻本亦已稀少，凡有所遇，仍不应轻易忽视。

清代精刊本

清代刊本,我平日注意比较少,知道的不多。据孙奇逢《日谱》所载,清康熙初年,私人刻书有禁,而且很严。封建皇朝开国之初,多是如此,无足怪。后来何时解禁,未详。三百年来,刻书之多,超乎前代,而且考证校雠之学,至乾嘉而极盛,校刻之书,多精审可靠。只因时代较近,传本易得,收藏家多忽之。再过数百年,其价必甚高,可以预测。今但据所知,举其精刻(图73),以作参考,不加论列:

　　秦刻九经(巾箱本不分卷,每经以叶计,清初无锡秦鏮刻)

　　赵怀玉校刻《韩诗外传》

　　士礼居《黄氏丛书》

　　张敦仁刻《仪礼注疏》顾广圻校补缺疏(传本不多)

　　张敦仁仿宋淳熙四年抚州公库本《礼记》

　　顾广圻仿明吴元恭本《尔雅注疏》

　　臧镛堂仿元雪窗书院本《尔雅注疏》

　　张士俊泽存堂刻《小学五种》(《玉篇》《广韵》《佩觿》《字鉴》《群经音辨》)

　　清乾隆四年初印二十三史(《史记·五帝本纪》末一页不漫漶者)

胡克家翻元版《资治通鉴》

李锡麟惜阴轩依元版重刊《战国策》

孙星衍刊《晏子春秋》(顾千里校)

顾抱冲仿宋刊《古列女传》

《康熙地图》三十三页

《乾隆十三排地图》(以上二图,皆为内府铜版精印,流传甚少)

全椒吴氏仿宋本《韩非子》

《抱经堂丛书》十八种

鲍氏《知不足斋丛书》

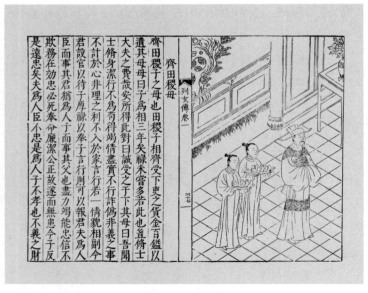

图73　清乾隆四十四年鲍氏知不足斋印本《列女传》

张海鹏《学津讨源》《墨海金壶》

陆钟辉水云渔屋刻《笠泽丛书》

顾氏碧筠草堂刻《笠泽丛书》

秦恩复校刻《骆丞集》（顾千里校）

孙星衍刻《颜鲁公集》

项氏玉渊堂刻《韦苏州集》

陈弘谋刻《司马文正公传家集》

上举精本，不过就一般闻名的说说，见闻所限，必不能备。其次为清代有名的写刻本（图74），据所知列表于下：

张力臣写刻《顾氏音学五书》

倪灿写刻《明文在》

林信写刻《渔洋精华录》《尧峰文抄》《午亭文编》

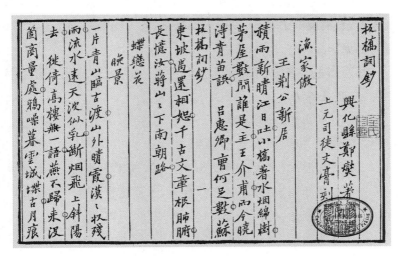

图74 清郑燮写刻本《板桥集》

黄仪子鸿写刻《渔洋诗续集》

　　许翰屏写刻胡刻《文选》

　　长洲李福写刻士礼居明道本《国语》

　　吴县陆损之写刻黄丕烈的《隶释刊误》

　　黄丕烈写刻《季沧苇书目》

　　余集写刻周密《志雅堂杂抄》、元好问《续夷坚志》、孙承泽《庚子销夏记》

　　郑燮自写刻《板桥集》

　　金农自写刻《冬心集》

以上所举,是写刻本之著名者,遗漏自属不少。如碧筠草堂刻《笠泽丛书》,写刻极佳,而不知写者姓名,只得从缺。据徐康《前尘梦影录》说:"乾嘉时,有许翰屏,以书法擅名。当时刻书之家,均延其写样,如士礼居黄氏、享帚楼秦氏、平津馆孙氏、艺芸书舍汪氏,以及张古余、吴山尊诸君,所刻影宋本秘籍,皆为翰屏手书。"若此者,更为罕见。

　　郑西谛先生著《劫中得书记》,其中有一篇,列举清代难得之书多种,今照录备访:

　　沈钦韩的《幼学堂集》

　　何绍基的《东洲草堂文抄》

　　许印林的《攀古小庐文》(仅一册,刊于光绪年,日本尝复印之。原本附有《续编》,尤称珍奇,为价几等于清季宋版书)

　　王宗炎的《晚闲居士集》(道光原刻本)

　　丁寿昌的《睦州存稿》

　　冯伟的《仲廉文抄》

蒋学佣的《樗庵存稿》（嘉庆刊本）
倪模的《迂存遗文》（光绪刊本）
张鉴的《冬青馆集》（道光原刻本）
程瑶田的《通艺录》
沈彤的《果堂集》
赵坦的《保甓斋集》
赵一清的《东潜文稿》
邵晋涵的《南江文抄》
沈豫的《芙村文抄》
金鹗的《求古录礼说》
法式善的《存素堂集》
赵绳祖的《琴士文抄》
胡庆善的《新城伯子集》
彭元瑞的《恩余堂辑稿》
黄汝成的《袖海楼杂著》
沈大成的《学福斋集》
洪朴、洪榜的《二洪遗稿》
鲁九皋的《山木居士集》
盛大士的《蕴情阁集》

巾 箱 本

　　书之本子很小的，叫巾箱本，今人叫袖珍本。此制于正史首见于《南史·齐衡阳王钧传》，传云："钧尝手自细书五经，部为一卷，置于巾箱中，以备遗忘……曰：'巾箱中有五经，于检阅既易，且一更手写，则永不忘。'诸王闻而争效为巾箱五经。巾箱五经自此始也。"或引晋葛洪《西京杂记序》云："刘子骏《汉书》一百卷……今钞出为二卷，以裨《汉书》之阙。尔后洪家遭火，书籍都尽，此二卷在洪巾箱中，常以自随，故得犹在"，云云。以为巾箱书实始见于此。实则《西京杂记》，不知何人所作，谓葛洪作者，唐人之说，恐不足信。不过衡阳王时，止说置巾箱中，为巾箱五经，而无本字，至宋始称巾箱本，加本字，说见戴埴《鼠璞》。南宋之世，巾箱本（图75）无所不备，宁宗嘉定间，从学官杨璘之奏，焚毁小版，后又盛行。元明罕见。清代巾箱本之小，小到长工部尺一寸八分，宽一寸一分，见乾隆时姚培谦刻的《世说》；书品过小，字不及蝇头大，有损目力，除科场夹带外，无它意义。

　　我尝疑巾箱究竟是什么东西，古人帽子称巾，手帕亦称巾，这巾箱是帽箱，还是手巾箱，应考明白。后见《天中记》中引《异苑》云："晋孝武太元末，每闻手巾箱中有鼓吹韇角之音，帝是岁崩，天下大乱"，云云。乃知巾箱者，手巾箱也。盖古人颇重手巾，故以小

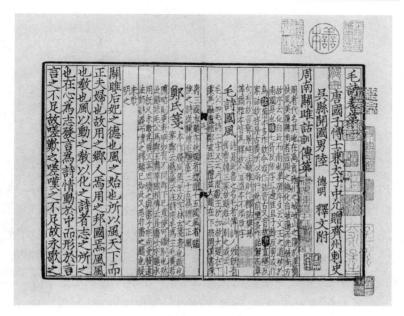

图75　宋巾箱本《毛诗诂训传》(原书版框高14.3厘米,宽10.3厘米)

箱盛之。六朝时,书皆手卷,体积既小,故可置巾箱中。所谓巾箱者,大抵指很小的箱而言,其形制与手巾箱相似而已,非必书与手巾杂置一箱。古人重巾故事不少见:"王莽斥出王闳,太后怜之。闳伏泣失声,太后亲自以手巾拭闳泣"(见《汉名臣奏议》);孙权"克荆州,将吏悉皆归附",而潘濬"涕泣交横","权慰劳与语……使亲近以手巾拭其面"(《江表传》)。古人手巾不离手,于此可知,而巾箱是很小的箱,亦可借此知道。衡阳王置书于巾箱中,据我查考结果,是和手巾箱形制相似的小箱。

活 字 本

我国活字版印书,始于宋仁宗之世(1041—1048,庆历年间),为劳动人民毕昇所创造。宋沈括《梦溪笔谈》卷十八有详细记载云:"庆历中,有布衣毕昇,为活板。其法:用胶泥刻字,薄如钱唇。每字为一印,火烧令坚。先设一铁板,其上以松脂和纸灰之类冒之。欲印,则以一铁范置铁板上,布字印,满一铁范为一板,持就火炀之,药稍镕,则以一平板按其面,则字平如砥。若止印三二本,未为简易;若印数十百千本,则极为神速。常作二铁板,一板印刷,一板已自布字,此印者才毕,则第二板已具,更互用之,瞬息可就。每一字皆有数印,如'之''也'等字,每字有二十余印,以备一板内有重复者。不用,则以纸贴之,每韵为一贴,木格贮之。有奇字素无备者,旋刻之,以草火烧,瞬息可成。不以木为之者,木理有疏密,沾水则高下不平,兼与药相黏,不可取;不若燔土,用讫再火,令药镕,以手拂之,其印自落,终不沾污。昇死,其印为予群从所得,至今宝藏之。"据此,知我国初创活字者为毕昇,其字用泥制,不用木而用泥者,乃因木有伸缩性,且与药黏牢,一版用毕,木字即不能脱,不能重排,用泥可免此病,这是活字版草创的形制。泥活字印书极少见。顷在嘉兴图书馆见有清黄爵滋著《仙屏书屋初集》道光丙午泾县翟西园先生泥字排印本,书凡十六卷,五册。

到元朝，王祯改用木活字，不用药，而以版作印盔，削竹片为界行，排字成行，而以竹片夹之。盔字既满，用木楔楔之，使坚牢，字皆不动，然后用墨刷印之。其详见王祯《农书》附录《造活字印书法》一文。据王祯说，尚有锡活字，以铁条贯之，作行，嵌于盔内，但难于使墨，率多印坏，所以不能久行。

宋活字版书，有范祖禹的《帝学》一书传下来，为缪艺风所藏，见《艺风藏书续记》卷二。乃南宋嘉定十四年（1221）所造木活字。书后载有印书缘起，书中"宋"字、"玉音"字，皆抬头。据此，则木活字南宋已有，惟其制不详。

明代自弘治以后，铜活字盛行，亦有用铅活字的（见《金台纪闻》），而最著名的，有锡山华氏兰雪堂、会通馆，安氏桂坡馆，及建业张氏三家。华氏年代较早，大抵在弘治、正德间，其书即已风行全国。安氏印书，则在嘉靖之世。华氏兰雪堂为华坚、华镜，会通馆为华燧、华煜。兰雪堂印书，举其著者，有《春秋繁露》十卷、《艺文类聚》一百卷、《蔡中郎集》十卷（图76）、《元氏长庆集》六十卷、《白氏长庆集》十卷；会通馆印的（图77），有《容斋随笔》《古今合璧事类》《文苑英华纂要》《文苑英华辨证》《锦绣万花谷》《诸臣奏议》；又有华珵印的《渭南文集》《百川学海》等。

锡山安氏桂坡馆印的（图78），有《初学记》三十卷、《颜鲁公集》十五卷、《魏鹤山大全集》一百九卷，所印书不及华氏之多，而世多珍之。《初学记》一书，今世所常见的，是嘉靖刻本，活字《初学记》，未之见也。《颜鲁公集》，民国初年王静安先生在北平见到过，据说索价甚昂，今北京图书馆藏有三部。此外五川精舍铜活字本《王岐公宫词》、五云溪馆《玉台新咏》、芝城铜活字蓝印《墨子》（图79）、万历间

不數不渝百歲之後歸乎其居幸
其獲稱天所誘也罕漫而已非己
咎也昔伯翳綜聲於鳥語葛盧辨
音於鳴牛董父受氏於豢龍奚仲
供德於衡輈倕氏興政於巧工造
父登御於騑騮非子享土於善圉
狼瞫取右於禽囚弓父畢精於筋
角伙非明勇於赴流壽王創基於
格五東方要幸於談優上官効力
於執蓋弘羊據相於運籌僕不能
參跡於若人故抱璞而優游於是
公子仰首降階忸怩而避胡老乃
揚衡含笑援琴而歌歌曰
練予心兮浸太清滌穢濁兮存
正靈和液暢兮神氣寧情志泊
兮心亭亭嗜慾息兮無由生踔
宇宙而遺俗兮眇翩翩而獨征

蔡中郎文集外傳 終

錫山蘭雪堂華堅
允剛活字銅版印

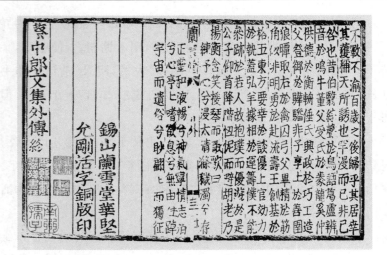

图 76　明正德十年华坚兰雪堂铜活字印本《蔡中郎文集》

會通館校正音釋書經卷之六
周書
泰誓上
惟十有三年春大會于孟津王曰嗟我友邦
冢君越我御事庶士明聽誓惟天地萬物父
母惟人萬物之靈亶聰明作元后元后作民
父母今商王受弗敬上天降災下民沈湎冒
色敢行暴虐罪人以族官人以世惟宮室臺
榭陂池侈服以殘害于爾萬姓焚炙忠良刳
書經六卷　一
剔孕婦皇天震怒命我文考肅將天威大勳
未集肆予小子發以爾友邦冢君觀政于商
惟受罔有悛心乃夷居弗事上帝神祇遺厥
先宗廟弗祀犧牲粢盛既于凶盜乃曰吾有
民有命罔懲其侮天佑下民作之君作之師
惟其克相上帝寵綏四方有罪無罪予曷敢
有越厥志同力度德同德度義受有臣億萬
惟億萬心予有臣三千惟一心商罪貫盈天
命誅之予弗順天厥罪惟鈞予小子夙夜祗

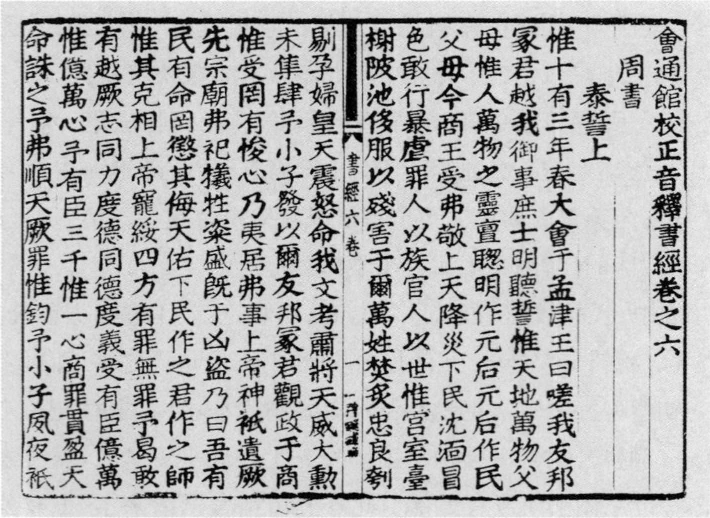

图 77　明会通馆铜活字印本《会通馆校正音释书经》

吳中水利通志卷第三
常州府
叙水
楊子江在郡治北五十里西接丹陽東抵江陰江岸繞郡境一百八十八里水東出巫山門入於海
太湖在郡東南入十里自湖州長興縣經宜興抵郡至無錫南入蘇州吳縣
滆湖一名西滆沙子湖在郡西南中與宜興分派郭鄭江賦云具區洮滆是也圖經云昔有滆姓者居此攜龍卵歸地遂陷成湖因名
水利通志卷之三　一壹　李
陽湖在郡東其東南至閶江東北自花瀆港入運河西通塘門
洛陽二河北入梅港河
宋建湖在郡東南世傳宋高宗南渡過此其東南接周陳殷墅
二河西至蘆莊浜入落花蕩其南經方莊村入兵
莊河其西北由上陳港入運河
運河在郡東其東自望亭風波橋涇郡外城河西至奔牛閘入轉
水河
城河在舊外子城環遶郡治自西水關一歷甘棠橋北出行春橋一在舊羅城

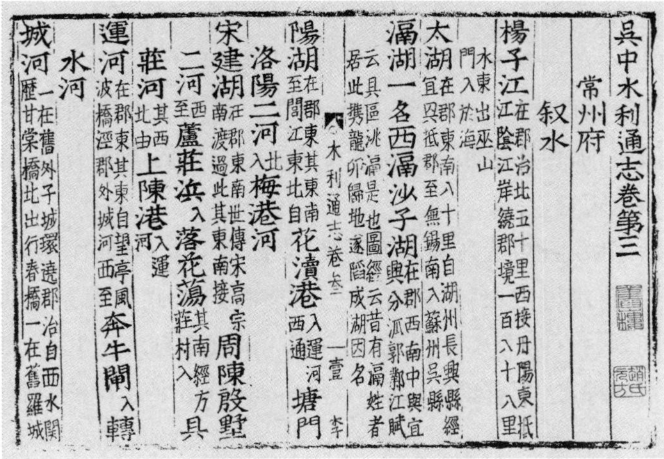

图 78　明嘉靖三年锡山安国铜活字印本《吴中水利通志》

塗茅屋若積薪者厚五寸已上吏各舉其步界中財物可
以左守備者上有讒人有利人有惡人有善人有長人有
謀士有勇士有巧士有使士有內人者外人者有善人者
有善門人者守必察其所以然者應名乃內之民相惡若
議吏吏所解皆禮書藏之以須告之至以參驗之睨者小
五尺不可卒者為署吏令給事官府若舍蔺石厲矢諸林
器用皆讙部各有積分數為解車以枱城矣以軺車輪軲
廣十尺轅長丈為三幅廣六尺為板箱長與轅等四高尺
善蓋上治中令可載矢子墨子曰凡不守者有五城大人
少一不守者城小人衆二不守也人衆食寡三不守也市
去城遠四不守也畜積在外富人在虛五不守也率萬家
而城方三里
墨子　十六
嘉靖壬子歲夷則月中元乙未之吉芝城銅板活字
墨子卷之十五終
道藏本校　沛十三
無終字

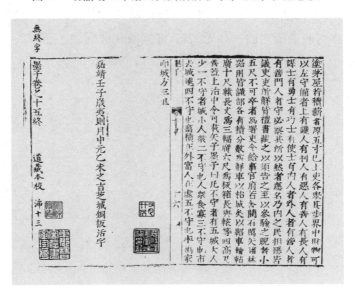

图 79　明嘉靖三十一年芝城铜活字蓝印本《墨子》

周光宙《太平御览》等,今尚有传本。清代铜字活字本以雍正四年印的《古今图书集成》为最巨,全书一万卷,五千册。

活字版印书,一次印毕,即行拆版。昔人又不知制造纸型,故活字版书,流传不会很多,因此人多重之。我们搞图书馆工作的,更应该重视它。

活字版名称,清高宗以为不雅,改称聚珍版。《四库全书》纂修告成后,将难得之书,活版印行一百多种,称《武英殿聚珍版书》。福建翻刻一百四十八种,广东翻刻同。浙江翻刻三十九种,江西翻刻五十四种,这两省刻的,都是袖珍本,其行格字数皆依原版,每半页九行,行二十一字。浙刻左右双边,江西刻的仅粗线一条;浙江刻版口宽,江西刻版口很窄。苏州翻二十六种,亦是袖珍本,四周双边,版框比浙刻高一字。各省翻刻,每一书末尾,皆有校刊人衔名。亦有脱去衔名的。如无衔名,即据版式区别。

套 印 本

套印本者，一书之印刷，不止一次。第一次刷黑的，第二次即套印红的，是为两色套印。黑的是正文，红的是圈点或批语，同样版，要刻两块。若三色、四色、五色，同样版就要刻三块、四块或五块。因此套印本书，花费很大，颇不经济。

木刻套印本，渊源于两色写本。两色写本，在唐朝即有之，宋初亦有之。据我所知，唐刘禹锡有言："《神农本经》以朱书，《名医别录》以墨书，传写既久，朱墨错乱，遂令后人以为非神农书。"这段话见元王好古《汤液本草跋》。又宋太宗淳化五年，翰林学士张洎献重修《太祖纪》一卷，以朱墨杂书，凡躬承圣问及史官采摭事，即以朱别之，这段记载，见宋周辉《清波杂志》：这是写书。此外还有彩画的书，如《三辅黄图》，宋人有以彩色画的，每一宫殿，绘一图，极精妙；又有《出相彩画本草》一书，极奇，这两段记载见宋周密《癸辛杂识》。朱墨写书，止有两色，而彩画必不止两色，后世五颜六色的版画，大概即渊源于此种彩色画。

套印本书，前人皆以为始于明万历间吴兴闵、凌两家印本（图80）。近年发见一部元至元六年（1340）中兴路，即湖北江陵县，无闻和尚印的《金刚经》，经文用红色、注文用黑色，两色套印本。因此知道，我国套印本书，元代即已有之，比万历年早二百数十年。

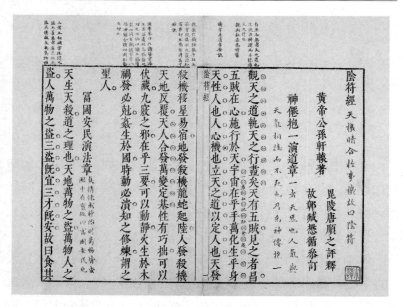

图80　明天启元年闵氏刻三色套印本《兵垣四编》

这是根据现存的材料说的,可能还有更早的套印本,我们没有发现罢了。

我们今天常见的套印本,绝大多数是明万历间,吴兴闵、凌两家印本。这两家专搞这一套,故印本很多,流传下来的亦多。套印本便于诵习,颜色又美观,销路之畅,可想而知。闵家著名者,有闵齐伋、闵昭明;凌家著名的,有凌濛初(图81)、凌瀛初、凌汝亨。两家之书,据当时谢肇淛批评,闵家较优,凌家病在急于成书,又悭于倩人编摩,讹脱自然就更多了。除了闵、凌两家之外,坊刻套印,亦间有之,纸墨粗敝,不足道矣。闵、凌两家书,一般都是二色的,三色的也有。四色、五色的,清代印本(图82)亦少见。清内府印的

套印本

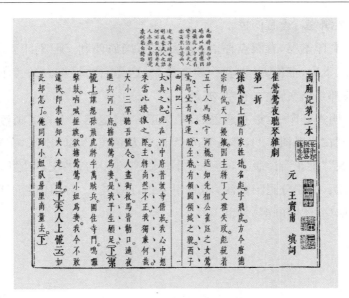

图 81　明凌濛初刻朱墨套印本《西厢记》

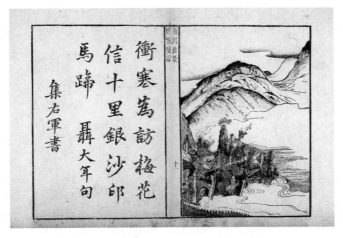

图 82　清康熙金陵王衙刻五色套印本《西湖佳话古今遗迹》

《古文渊鉴》，止有四色。

　　套印本书，有圈点评语，初学得之，确属便利。但刻印工本太大，工本大，书价高，学者购读亦较难，这是它的缺点。又套印书，往往都是白文，注文省略，亦是一病。

　　明人套印书，最有意思的，是胡正言的《笺谱》《十竹斋画谱》二书，刻在明崇祯年间，都是五色套印，非常精美。其印刷法，有所谓"饾版""拱花"：饾版者，是各个小块版拼凑印的；拱花是凸版。这两种版，都能分阴阳浓淡，印时用手指，不用刷。有用饾版不用拱花，如《芥子园画谱》是也。

书 帕 本

明人有这样一种风气，凡做外官的任满入朝，或临时派遣出巡公干官员回朝，大都要带点书帕，馈送长官，这书大都是馈送者自刻，因此便叫书帕本。帕者，手帕也。一般规矩，致送一书一帕（见《日知录》卷十八）；也有送一书二帕的，见耿定向的《先正遗风》卷下云："梁材为杭州守，会入觐，止具一书二帕，以赘京贵。"但也有不送书的，如李东阳门下士兴化太守某人，入京觐见时，止送两帕四扇，东阳收扇还帕，是也。有人误解以为帕是包书用的，不知帕亦是礼物之一，不作包书之用。《先正遗风》有这样一段掌故说："赵司成永……一日过鲁学士铎邸，鲁公曰：公何之？司成曰：忆今日为西涯先生（李东阳）诞辰，将往寿也。鲁公曰：吾当与公偕，公以何为赘？司成曰：帕二方也。鲁公曰：吾赘亦应如之。入，启笥，索帕，无有。"以帕二方作为致送宰相诞辰礼物，可知帕非贱物，和今人看法大不同也。

书帕本，因为照例馈送之物，刻者既不经意，收者亦不重视，故书帕本鲜有佳者（大意见《金台纪闻》）。但亦有取前人所刻之版，铲去姓名，改刻自己姓名，充作新刻的书，如莫如士的韩、柳集，即是如此搞的。据《日知录》注文，这种送书帕风气，自万历以后，改用白金。此注如确，则万历以后，即无书帕本了。

抄 本

以上所说的各本,都是指刊本说的,现在要说的是抄本。一书形成,不外乎抄、印两种,故印本、抄本成为版本学的二大流别。凡抄本、写本、誊写、誊录、抄写、抄录、摹写等等,名称有异,而意义无何分别,今从俗以抄本标题。

未有印本书之前,学者诵习,多出自己抄录;即有抄书出售者,为数不能多也。汉桓谭《新论》说梁子初、杨子林所写书,有万卷之多,到了白首,还是抄写,像这样的勤学者,不多见;其次为南齐沈麟士,年过八十,手写细书满数十箧;梁袁峻自己写书,有日课,每日写五十纸;金楼子细书经史、《庄》、《老》、《离骚》等书,六百三十四卷,放巾箱中:这段古人抄书掌故,见《困学纪闻》卷八。其写书发卖者,有梁陶弘景的父亲贞宝,家贫,以写经为业。所写的字,和萧思话、羊欣所书相似,一纸书价四十(见《六研斋笔记》)。晋朝藏书,有缃素书、白缣楷书、黄纸楷书、白绢行书、二尺竹牒楷书、白练绢楷书,藏书之所,置楷书人员,自晋朝始。这段记载,见宋高似孙《纬略》卷八。晋建国在公元265年,距今一千七百年,那时写书字体有二,曰楷书,曰行书,写书材料有丝织品,有纸,也有竹片。《纬略》所记,是根据《晋中经簿》,自属可靠。黄纸者,系用黄檗染成,《齐民要术》载有制法,黄檗极苦,可以辟蠹。

自唐以前的写本,至今日犹有保存的,当以公元296年,西晋元康六年写的佛经残卷为最古的卷子本。此卷子佛经,乃清末日本人在我国新疆吐鲁番盗掘古物时发见的,现藏日本。其次为后凉麟嘉五年(393)经卷,现藏上海博物馆。自敦煌运回北京的卷子本,其中最古的是北魏太安四年(458)七月三日写的《戒缘经》卷下一卷,而比现存巴黎图书馆的北魏兴安三年(454)的《大慈如来告疏》,还要迟四年。此外北魏写本(图83),巴黎还藏有二种:一是《孝经》,北魏和平二年(461)写的;一是《佛说灌顶章句拔除过罪生死得度经》,北魏大和十一年(487)写的。南北朝陈朝,有智者大师,居天台山慧明寺,手写《方等陀罗尼经》四卷,前三卷久亡,第四卷至清初潘耒游天台,犹及见之,说笔法精劲,神彩奕奕(见《居易录》),现在不知尚存否。

唐人写经(图84),敦煌发见的约二万卷,英、法两国劫去的约

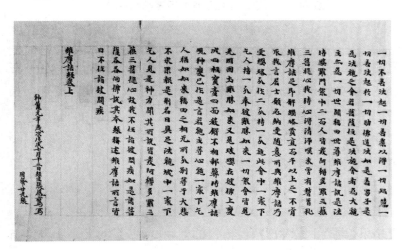

图83　北魏神龟元年经生张凤鸾写《维摩诘经卷上》

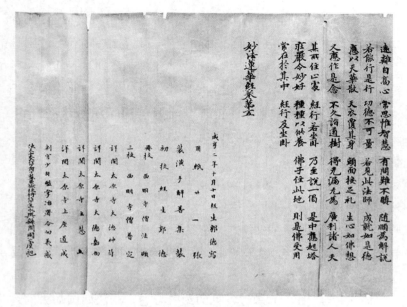

图84　唐咸亨二年敦煌官方写经《妙法莲华经》

一万多卷,尚有八千多卷归北京图书馆收藏。北京馆在抗日战争前,辟唐人写经室,有专人从事整理,编有目录印行。这种写经,浙馆亦藏有黄麻纸写者四卷,有年代的仅一卷,乃唐高宗永徽二年写的《大般涅槃经》第四十卷。这种黄麻纸,亦叫硬黄纸。这种纸染过黄檗后,再加浆,可使泽莹而腻,可支千年(见《洞天清录》)。《古文旧书考》说:"《大唐书仪》云:写以黄纸,界用铅阑。"浙馆藏的四卷,都是铅画界阑。写经字体,大致相似,叫作经生体(《六研斋笔记》);其人叫写经手(宋曾慥《类苑》),据我研究结果,写经手是专门写经出售的人,和陶弘景的父亲相像。浙馆藏的永徽二年经卷末尾署名,字体完全和经文不一样,经文写得很好，而署名的字极为笨拙，显然是买经的人自己签题的。而题名格式用语，和北魏造像一样，如永徽写经末题“永徽二年清信佛弟子吴其仁上为已亡父母，下及己身眷属，敬写《涅槃经》一部”，北魏造像题字，大都如此，所不同者，一是造佛像，一是写佛经而已。写经纸，据浙馆藏经卷，每纸长市尺一尺四寸五分，高八寸，一卷经由数纸连缀而成。据《分甘余话》载，唐杜牧之著《张好好诗并序》真迹，纸高一尺一寸，长六尺四寸，可见纸的高和长，也不能一概而论。

以上说唐以前写本，至于宋元抄本（图 85），在今天来说极其名贵。此种抄本，至清代还存在的，据藏书家记载，为数不多。桐乡藏书家金德舆（乾隆时人），其所藏多宋元精抄本（见黄荛圃书跋）。《钱竹汀日记抄》云：“陈云涛招同汪竹书、张秋涛观宋抄《司

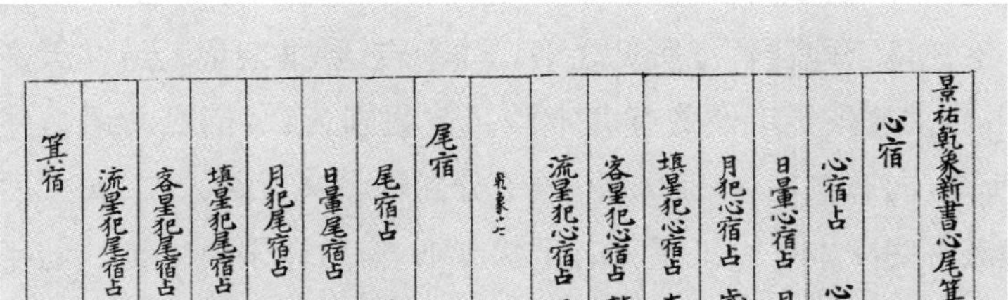
景祐乾象新書心尾箕斗四宿占卷第十七
心宿
心宿占　心宿所管星　日蝕心宿占
日暈心宿占　月蝕心宿占　月暈心宿占
月犯心宿占　歲星犯心宿占　熒惑犯心宿占
填星犯心宿占　太白犯心宿占　辰星犯心宿占
客星犯心宿占　彗星犯心宿占　孛星犯心宿占
流星犯心宿占　雲氣犯心宿占
乾象十七　一
尾宿
尾宿占　尾宿所管星　日蝕尾宿占
日暈尾宿占　月蝕尾宿占　月暈尾宿占
月犯尾宿占　歲星犯尾宿占　熒惑犯尾宿占
填星犯尾宿占　太白犯尾宿占　辰星犯尾宿占
客星犯尾宿占　彗星犯尾宿占　孛星犯尾宿占
流星犯尾宿占　雲氣犯尾宿占
箕宿

图 85　北宋元丰元年司天监抄本《景祐乾象新书》

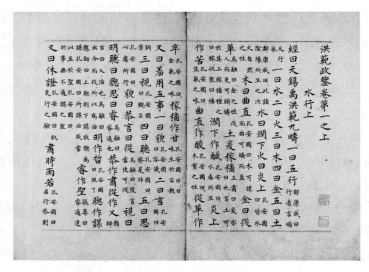

图86　宋淳熙十三年内府写本《洪范政鉴》

马温公集注扬子太玄》，凡六卷。"翟氏《书目》亦载有是书，说是宋抄，不知是否即钱竹汀所见之书。钱泰吉《曝书杂记》云："《天文会元占》，常熟张芙川处藏有北宋钞。"黄荛圃云："《扪虱新语》，述古堂所藏，向有二本，一是宋抄本，不分卷帙。"又黄跋云："《杨太后宫词》汲古阁藏本……纸系宋时呈状废纸，有官印朱痕可证。"前年我去北京图书馆，见到一部南宋孝宗时内府写本（图86），因在书库，未及记下，日久，书名也忘记了。

元人抄本（图87、图88），只在黄荛圃书跋中，见到几种。黄跋云："此《策选》的系元人录本，余向得《刑统赋疏》，笔墨纸质，与此正同"；"《刑统赋疏》，书仅五十页，审系元人抄本"；"俞贞木手钞龚璛子敬诗一册，余得诸友人张秋塘"；"《翰林珠玉》，元抄本，虞集撰"，寥寥几种而已。

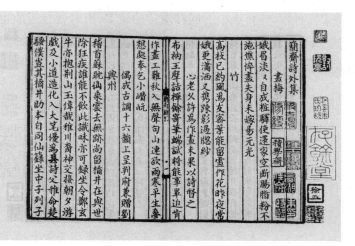

图 87 元抄本《简斋诗外集》

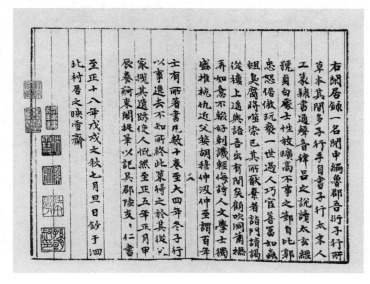

图 88 元至正十八年抄本《闲居录》

宋元抄本，流传极少。明抄流传的较多，因时代较近故也。明名家抄本（图 89、图 90），名目繁多，为便于参考计，把它列成一表如下：

朱存理（字性甫）抄本（以下抄本二字略）

钱榖（字叔宝）悬磬室

钱允治（字功甫，叔宝子）

以上朱、钱两家，皆吴县人，手抄本最多，为钱谦益所得。绛云楼毁后，传本难得见到了。

吴宽（号匏庵，成化八年状元）丛书堂

柳佥（字大中，吴人，生当武宗之世，别号味茶居士）清远楼

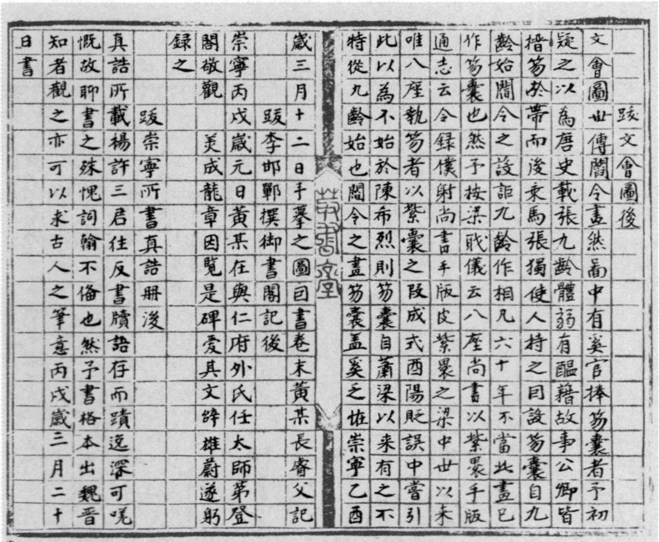
跋文會圖後
文會圖世傳閻令畫然畫中有奚官捧笏囊者予初疑之以為唐史載張九齡體弱有臨轄故事公卿皆揞笏於帶而後乘馬張獨使人持之因設笏囊自九齡始閻令之設詎九齡作相凡六十年不當此畫已作笏囊也然予按梁職儀云八座尚書以紫褁手版通志云令録僕射尚書手版皮紫褁之梁中世以來唯八座執笏者以紫囊之段成式酉陽雜俎中嘗引此以為不始於陳希烈則笏囊自蕭梁以来有之不特從九齡始也閻令之畫笏囊盖奚之佐崇寧乙酉歲三月十二日手摹之圖曰書卷末黃某長睿父記
跋李邯鄲撰御書閣記後
崇寧丙戌歲元日黃某在興仁府外氏任太師第登閣敬觀美成龍章因覽是碑愛其文緯雄蔚遜躬録之
跋崇寧所書真誥册後
真誥所載楊許三君往反書牘諧存而蹟逺深可嘆慨故聊書之殊愧詞翰不倫也然予書格本出魏晉知者觀之亦可以求古人之筆意丙戌歲三月二十日書
叢書堂

图 89　明吴氏丛书堂抄本《广川书跋》

吴岫（字方山）

孙岫

王世贞（字元美）

叶盛（谥文庄）菉竹堂

陈第（字季立，连江人）世善堂

项元汴（字子京）

赵琦美（用贤子，号清常道人）脉望馆

叶树廉（字石君）归来草堂、朴学斋

王宠（字履吉，号雅宜山人）

文徵明（号衡山）玉兰堂

陆师道

徐霖（号九峰道人，或呼为髯仙）

祝允明（号枝山）

沈周（号石田）

王质

王稚登（字伯榖）

史鉴（字明古）

邢参

杨仪（字梦羽）万卷楼、七桧山房

杨循吉

陈继儒（号眉公）

李日华（字君实）

顾元庆（字大有）

都穆（字元敬）

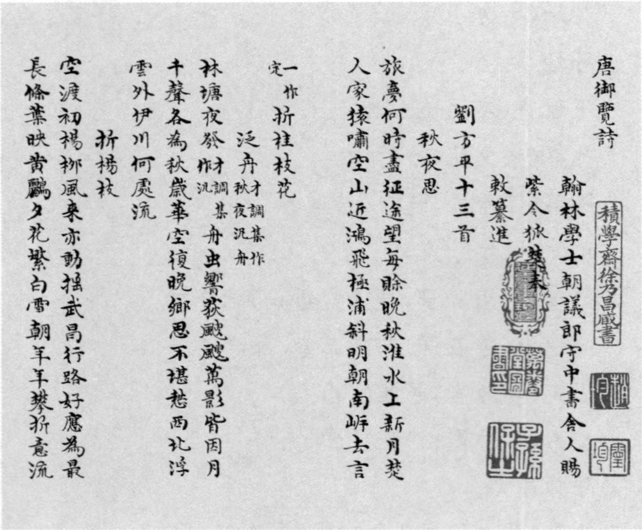
唐御覽詩
翰林學士朝議郎守中書舍人賜
紫令狐楚奉
敕纂進
劉方平十三首
秋夜思
旅夢何時盡征途望每賖晚秋淮水上新月楚人家猿嘯空山近鴻飛極浦斜明朝南岸去言
一作定
折桂枝花
泛舟（才調集作秋夜汎舟）
林塘夜發（才調集作汎）舟蟲響荻颼颼萬影皆因月千聲各為秋歲華空復晚鄉思不堪愁西北浮雲外伊川何處流
折楊枝
空渡初楊柳風來亦動摇武昌行路好應為最長條葉映黄鸝夕花繁白雪朝年年攀折意流
積學齋徐乃昌藏書

图 90 明赵均抄本《唐御览诗》

董其昌

赵宧光（字凡夫）小宛堂

赵均（宧光子）

文彭（字寿承，号三桥）

沈节夫（字以安）玩易楼

范钦天一阁

范大彻卧云山房

焦竑（字弱侯，号澹园）

桑悦（字民怿）

孙艾（号西川翁）

以上诸家，皆有抄本流传。

冯舒（字己苍，号默庵，别号孱守居士，又号癸巳老人）

冯班（字定远，号二痴）

冯彦渊（字知十）

毛晋（字子晋）汲古阁

陆贻典（字敕先，号觌庵）

毛扆（字斧季）

以上各家抄本，皆从好底本抄录，而以汲古阁影宋抄本（图 91）为古今绝作，无论字画、纸张、界阑，皆精绝。

周荣起（号砚农，汲古阁刻书多其校正）

徐𤊹（字兴公）红雨楼

谢肇淛（字在杭）小草斋

王肯堂（字宇泰）郁冈斋

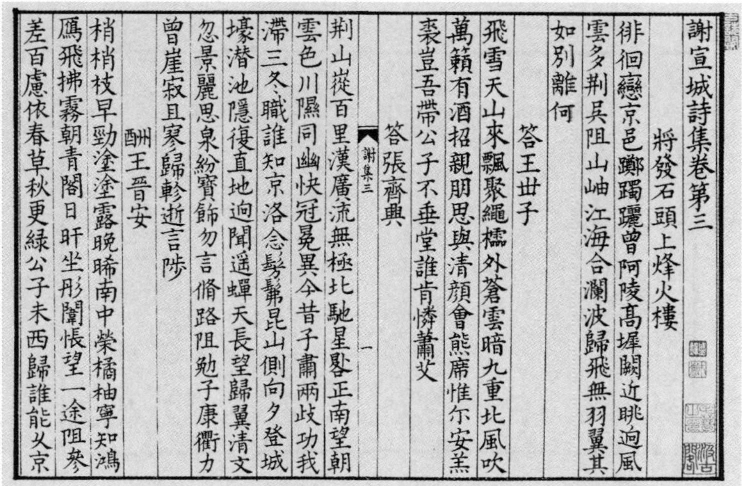
謝宣城詩集卷第三
將發石頭上烽火樓
徘徊戀京邑躑躅躧曾阿陵高墀闕近眺迥風
雲多荆吳阻山岫江海合瀾波歸飛無羽翼其
如別離何
答王世子
飛雪天山來飄聚繩檽外蒼雲暗九重北風吹
萬籟有酒招親朋思與清顏會熊席惟尔安羔
裘豈吾帶公子不垂堂誰肯憐蕭艾
答張齊興
荆山嶔百里漢廣流無極北馳星辰正南望朝
雲色川隰同幽快冠冕異今昔子肅兩岐功我
滯三冬職誰知京洛念髣髴昆山側向夕登城
壕潛池隱復直地迥聞遥蟬天長望歸翼清文
忽景麗思泉紛寶飾勿言脩路阻勉子康衢力
曾崖寂且寥歸軫逝言陟
酬王晉安
梢梢枝早勁塗塗露晚晞南中榮橘柚寧知鴻
鴈飛拂霧朝青閣日旰坐彤闈悵望一途阻參
差百慮依春草秋更綠公子未西歸誰能久京

图 91　明毛氏汲古阁影宋抄本《谢宣城诗集》

沈与文（字辨之）野竹斋
姚咨（字舜咨，号茶梦主人，又号皇象山人）茶梦斋
秦四麟（号酉岩）致爽阁
祁承㸁（字尔光）淡生堂
钱谦益（号牧斋）绛云楼
钱谦贞（字履之）竹深堂

以上是明人抄本之有名者。

钱曾（字遵王）述古堂
曹溶（号倦圃）静惕堂
徐乾学传是楼
惠定宇红豆斋
赵昱小山堂

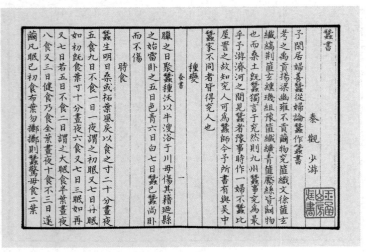

图 92　清钱氏述古堂抄本《蚕书》

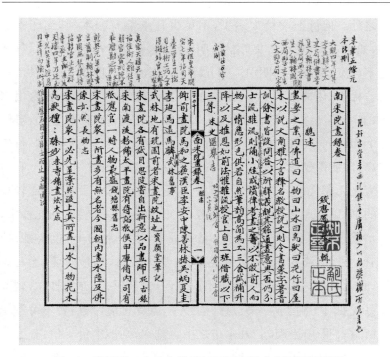

图93　清乾隆二十八年鲍氏知不足斋抄本《南宋院画录》

　　吴焯（号尺凫）绣谷亭

　　朱彝尊曝书亭

　　鲍廷博知不足斋

　　吴骞拜经楼

以上是清人抄本（图92、图93），难以尽录，录其知名者数家。

　　书籍流传，自来都是抄写的，自唐中世发明雕版印书以后，刻本渐盛，抄本渐衰。抄书费时，传播难广，书易失传，既有刻本，得书容易，书之流布，无远勿届，书之寿命，可以久长，这是刻本胜抄本之处。但世上书籍太多了，不见得凡书都有印本，其无印本之书，如宋王禹偁《小畜集》之类，明代无刻，全仗抄本延其命脉，抄本之不可废，其理甚为明白。宋元印本，迭经兵火，时遭焚劫，其流传日益稀少，传刻则费工多，花钱亦多，抄录较易着手，故前代藏书名家，遇一罕见之书，即命工抄写，珍重藏弄，或自行抄录，并加校雠，如上面所列举各家抄本，大半都是这样搞起来的。这类抄本，价值甚高，即所谓延续古书之续命汤也，不可不珍重视之。但世上有一种穷极无聊之人，谋生乏术，以抄书贩卖为谋利手段，借录比较少见的书，以期速售获利，纸张既劣，又不校对，讹字满纸，如此抄本，不足重。又有三家村老学究，无钱买书，很平常的书，也要抄录。又有一种人，喜欢著作，而根底不充，学力浅薄，东抄西袭，涂写满纸，既无条理，亦无书名，简直不成东西，论其形式，亦为抄本，观其装订成册，俨然已成一书，这样的抄本，毫无价值，采访者不可不稍加留意。明胡应麟说："凡书市之中无刻本，则抄本价十倍；刻本一出，则抄本咸废不售矣。"即指借以牟利的抄本说的。著名家抄本，何至于如此。徐兴公说："余尝披览抄本之书，十讹二三，难以句读，令人燥热。"也是指恶抄说的。

宋佚名人著的《枫窗小牍》，有一段记载说："余家藏《春秋繁露》，中缺两纸。比从藏书家借对，缺纸皆然，即馆阁订本，亦复如此……后从相国寺资圣门买得抄本，两纸俱全，此时欢喜，如得重宝。"这是获得至佳旧抄本了，这抄本可能是唐人传下来的。叶梦得所谓"旧本日亡"之本，价重连城，藏书家莫不宝爱之。

清代极有名的版本学大家黄荛圃，最重旧抄本。他说："大凡书籍，安得尽有宋刻而读之，无宋刻，则旧钞贵矣。旧钞而出自名家所藏,则尤贵矣。即如《李群玉诗集》,予藏旧钞本有三本:一叶氏钞本,一冯氏钞本,一毛氏钞本……就此三本核之,似冯本较胜,因有缺处独全也。"又说:"《渑水燕谈录》首册及中册上半、下册末一叶,俱柳大中钞,即此可断为残本,然残本已胜《稗海》本,知旧钞书最为可宝也。"又说:"勿以世有刻本,而薄钞本。"黄氏之说,极堪重视,书虽有刻本,而抄本可资以校雠,决不可因有刻而废抄,问题是在善择,若不问美丑,见抄即收,一味盲撞,则大不可也。

稿 本

稿本,是书籍最原始的形态,最可宝爱,尤其是名家的手稿本(图94、图95、图96),如"明嘉靖间,锡山吕氏所弆朱子《论语·先进》一篇注稿真迹,凡二十五章,装成四十二幅。笔势迅疾,而遒劲如屈铁。其涂窜处,与今传本间有异同"(见《养吉斋丛录》),见其稿,如见其人,快何如之!至于其内容,那就又当别论。若论校雠,这又是最可靠的依据。其非名家或不成家的手稿,收藏与否,尚须斟酌,不能认为凡稿本皆善。

手稿之外,又有清稿本。清稿本,必须有著者印记为凭,否则除著者笔迹可以为证外,别无他法可以证实,只能作为传抄本看待。

图94　宋司马光《资治通鉴》稿本

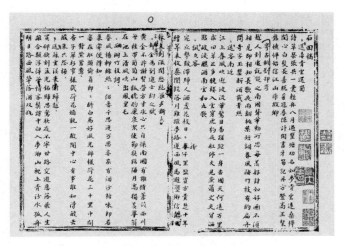

图 95　明沈周《石田稿》稿本

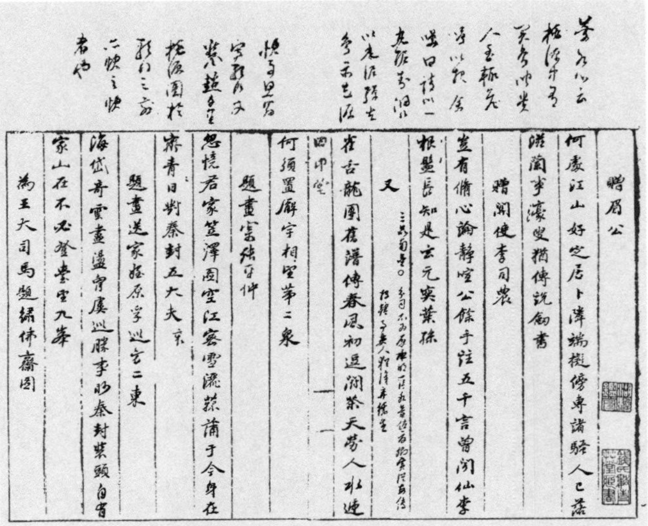

图 96　明董其昌《四印堂诗稿》稿本

浙馆所藏稿本,最名贵的,有查初白(慎行字,初名嗣琏)《壬申记游诗稿》、吴农祥《梧园集》、汪辉祖《龙庄诗稿》三书,开卷不忍释手。

校　本

　　我们研究版本，其目的在求得善本，以为研究古书之资。书籍流传，或写或刻，总不免有讹夺，以此取证，不但无益，而且有害，故书籍无论刊本写本，必校雠无讹夺乃可读。无讹文夺句之本，我们称之曰善本。这种善本，在未刻之先经过精心校雠，已刻之后又经名手校过，最为可靠。若抄本，其底本已经精校，已抄之后，又汇集别本精校，就成为善而又善之本。故名家手校之本，在善本中，所占地位甚高，我们收藏旧本，对此宜特加注意。

　　《国语·鲁语》："闵马父曰：昔正考父校商之名《颂》十二篇于周太师。"此为校书之例之最初见于记载者。正考父，即孔子的七世祖。孔子删《诗》《书》，定礼乐，亦必经过一番校雠工作，否则删定就无从下手。刘向《别录》云："雠校，一人读书，校其上下，得谬误，为校；一人持本，一人读书，若怨家相对，曰雠。"此释校雠之义如是。《汉书·艺文志》："刘向校经传、诸子、诗赋，步兵校尉任宏校兵书，太史令尹咸校数术，侍医李柱国校方技。"此乃西汉时校书实例。刘向校书如何校法，我们一读《管子别录》，就可知其大略。《别录》云："臣向言：所校雠中《管子》书三百八十九篇、大中大夫卜圭书二十七篇、臣富参书四十一篇、射声校尉立书十一篇、太史书九十六篇，凡中外书五百六十四篇，以校，除重复四百八十四篇，定著八十六篇,杀青,而书可缮写也。"据此可知校书必先汇集众本,除其重复,最后杀青、缮写,成为定本,至于校得谬误,即包括于其中矣。《后汉书·邓皇后纪》:"博选诸儒刘珍等五十余人,诣东观,雠校传记。"此乃东汉校书实例。由此可知,古人于书籍校雠,甚为重视。至于名义,曰校雠,曰雠校,曰校勘,曰校对,名虽不同,而义实同也。

　　古人著书,语言甚简,其用语意义,不易懂得,且古字多假借,历朝制度,又时有变迁,不懂古语,不解假借,不明制度沿变之迹,欲事校雠,难矣哉!故颜之推曰:"读天下书未遍,不得妄下雌黄(雌黄是黄色颜料,古人写书用黄纸,有误字,即用雌黄灭之,便无痕迹)。"可见校书之难。校书难处,总体来说,我以为:一是多闻博识难,二是多得见旧本难。如宋宋景文校两《汉书》,用十三本校(《石林燕语》);廖莹中刻九经,用数十种本校,百余人校正(《癸辛杂识》);岳珂刻九经,引用本子有二十三种,曰唐石刻本,晋天福铜版本,京师大字旧本,绍兴初监本,监中现行本,蜀大字旧本,蜀学重刊大字本、中字本、又中字有句读附音本,潭州旧本,抚州旧本,建大字本(俗谓无比九经),俞韶卿家本,又中字凡四本,婺州旧本,兴国于氏本,建余仁仲本,越中旧本,《注疏》,蜀《注疏》,宋姚宽校刊《战国策》,用孙固、孙觉、钱藻、曾巩、刘敞、苏颂各本,又集贤院本,共七本校;宋王伯厚注《急就篇》,所据校之本,有碑本、颜本、李本、越本、黄本,共五家本校;清顾千里校《抱朴子》凡十四次,据校之本,其多可想而知;黄荛圃刻明道本《国语》,陆敕先校一次,惠松崖校五次,黄氏自校一次,顾千里又校多次;朝鲜刻《大藏经》,在宋太宗末年,据校之本,有国前本、国后本、国本、中本、丹本、东本、北本、旧宋本等八种本;以上各家所刻之书,世皆称善本。其所以获得善本称号,因所据校之本多故也。这是多见旧本难之实例。

唐韩愈之子,名"昶,尝为集贤校理,史传中有说金根处,皆臆断之,曰:岂其误与?必金银车也。悉改根字为银字"(宋黄朝英《靖康缃素杂记》卷十)。按:"金根,车名,殷名乘根,秦改曰金根。"(见《后汉·舆服志》)金根者,以金为饰也。韩昶不通古代制度,乃有乱改古书之病。"《唐书》沉香亭子,本作子亭。子亭者,小亭也。《柳公权传》'尝夜召对子亭,烛穷而语未尽',是也。今本误改作亭子,失其义矣。如此之类,不可详举。夫校雠之事,岂复容易,虽老于文学者,犹或有遗忘,而乃使不学者任之,真可叹也!"(见《畏垒斋笔记》卷四)明杨慎有云:"《广文选》:中山王《文木赋》,乃以文为中山王名,而题作'木赋';宋王微《咏赋》,乃误王为玉,而题云宋玉'微咏赋',不知王微乃南宋人,史具有姓名;《阮步兵碑》,乃东平太守嵇叔良撰,而妄改作叔夜,不知叔夜之死,先阮也。凡前人著述,如此类者甚多,宜加考正,不应草草读过。"(见清初周召的《余生草》引)《容斋随笔·四笔》卷三有云:"曾纮所书陶渊明《读山海经诗》'形夭无千岁,猛志固常在',取《山海经》参校,则云'刑天,兽名也,口中好衔干戚而舞',乃知'刑天舞干戚',故与下文相应,五字皆讹。"《颜氏家训》云:"江南有一权贵,读误本《蜀都赋》注,解'蹲鸱,芋也',乃为'羊'字。人馈羊肉,答书云'损惠蹲鸱'。举朝惊骇,不解事义。久后寻迹,方知如此。"以上是多闻博识难之实例。难,确实是难,但我们不应怕难,愈难,愈要猛钻。校雠,是学者专家之事,也是我们研究版本学者之事。版本和校雠有不可分离的关系。离开校雠而言版本,乃是鉴赏家。我们是图书馆工作者,图书馆是为学者专家收集资料之所,要所收集的资料,达到正确的标准,就应该精心选择,精加校雠,方算尽职。不能说,懂版本,可以不懂校雠。清人黄荛圃鉴别旧版书能力极强,而后人有的说他是鉴赏家,这虽是过苛的批评,而版本学家不可不通校雠,总是一般所承认的。孙从添《藏书纪要》再三说校本书重要,并说:"古今收藏书籍之人,不校者多,校者甚少。惟叶石君所藏书籍,皆手笔校正,临宋本、印宋钞,俱借善本改正,博古好学,称为第一。叶氏之书,至今为宝。"孙氏此言,不是虚美,叶氏所为,可作我们的榜样。

校勘古书,要讲究方法,否则愈校愈坏,不如不校。顾千里跋《文苑英华辨证》云:"予性素好铅椠,从事稍久,始悟书籍之讹,实由于校,据其所知,改所不知,通人类然,流俗无论矣。""书籍之讹,实由于校",极言校书之弊,不是说书可不校。宋彭叔夏说:"尝闻太师益公之言曰:'校书之法:实事是正,多闻缺疑。'叔夏年十二三岁时,手钞《太祖皇帝实录》,其间云'兴衰治□之源',缺一字,意谓必是'治乱',后得善本,乃作'治忽'。三折肱为良医,信知书不可以意轻改。"这里所谓"实事是正,多闻缺疑""书不可以意轻改",即是校书的根本法,一有违反,便陷谬误。读书人一知半解,最容易犯轻改古书之病,如上举之例,韩昶即其明证。彭叔夏疑"治□之源"为治乱,不知其为治忽,幸未轻改,否则便犯错误。校书未见善本,万不可凭一己之见,乱改古书;即幸而猜中,也不可为训。自来学者专家,莫有不反对擅改古书。《苏黄题跋》云:"近世人轻以意改书……遂使古书日就讹舛,深可忿疾……《庄子》云'用志不分,乃疑于神'……今四方本皆作凝。陶潜诗'采菊东篱下,悠然见南山',今皆作望南山。"钱谦益跋《文中子》云:"此为宋刻善本;今世行本出安阳崔氏者,经其刊定,驳乱失次,不复可观。今人好以己意改窜古书,虽贤者不免,可叹也！"《涌幢小品》云："刻书以宋板为据,无可议矣……仍讹习舛,犹可言也;以意更改,害将何极?"日本人岛田翰云："旧本之存,谨勿改之。宋元之旧刻,复之,勿校改其一字。昔时皇国之刊板,皆取源于宋元本,虽其显然讹脱,亦不敢校改,是有大过于明清所为者。"以上各例,都说不得轻改古书,是为校书不易之法。而日本人守规矩更严。明人刻书,最喜擅改古书,其见讥于岛田翰,宜也。清季仁和许增刻《唐文粹》,其凡例有云："校雠之学二途:一是求古,一是求是。求古者,取宋元旧本,一一复写,期于毫发无遗,并旧本显然谬误及俗书国圣之类,亦必沿袭,以存其真。求是者,寻求原本,搜采群籍,舍短从长,拾遗补阙,以正未刻之前写官之误,既刻之后椠工之失,求心所安,以公同好。今刻此本,略依求是之例,知不免为求古者所讥。"许氏此说,值得讨论一下。所谓求是、求古二途,实际情况,确有此二法。但求古虽失之拘,而无流弊;求是名虽好听,其流弊却无穷。明人往往以己意校改古书,何尝不是说求是? 而其结果,适得其反,求是变成求误。因此,我认为自问无甚把握,还是求古稳妥。必欲涂改,美其名曰求是,则用细注表校语,原文切勿抹去,任读者自择。既合求是之旨,又不背求古之法,两方顾到,比较完善。

此外,校雠之法,有一点我认为很重要,不可不说的,即专家校专业之书是也。这是汉刘向传下来的好方法,上面说过了的。刘向校书,自校经传、诸子、诗赋,这是他自己的专业;至于兵书、方技、术数,非其所长,则请步兵校尉任宏校兵书,侍医李柱国校方技,太史令尹咸校数术,各就专业校雠,自比外行人校好得多。刘向校书,在汉成帝河平三年,即纪元前26年,距今将近二千年,我国学者即创立校书良法,后世学者数典忘祖,不知遵此良法,而好师心自用，甚可惋惜。宋哲宗时，秘书监王钦臣奏，差真靖大师陈景元校黄本《道书》，范祖禹反对，以谓："诸子百家、神仙道释，盖以备篇籍、广异闻，以示藏书之富……不必使方外之士雠校，以从长异学也。今馆阁之书，下至稗官小说，无所不有；既使景元校道书，则他日僧校释书，医官校医书，阴阳卜相之人校技术，其余各委本色，皆可同此例，岂祖宗设馆之意哉？"遂罢景元（见宋韩淲《涧泉日记》）。请名道士校道书，这是最好的方法，而范祖禹却不以为然，而又说不出反对的理由，仅以"岂祖宗设馆之意哉"一语，来压服人，其态度很坏。各委本色校书，此正刘向创始的好方法，范祖禹以偏见阻止，可谓不智。学术门类至多，岂一人之力所能尽通？书籍汗牛充栋，岂一人所能尽读？端赖分工合作，各就性之所近，专攻一点，各就己之特长，合校群籍，此乃不二法门，非一二人偏见所能阻也。

以上所论，是就校雠古书发议，研究校本，不可不明此理。校雠之理既明，乃可进一步审别校本之善或不善，收藏校本，乃比较有把握，泛论校雠，并非题外文章。要辨别校本之可靠与否，要看校书之人，是否专家。若为韩昶一流人，就不可靠；若为有名的专家，就很可靠，其所校之书，皆为至宝，若明叶石君之流是也。明人若叶石君之流不多见，至清朝，校勘名家就多了。因为清代学者，崇尚考证之学，故校雠名家甚多。如何焯、惠栋、卢文弨、全祖望、沈廷芳、戴震、丁杰、姚范、钱大昕、钱东垣、彭元瑞、谢墉、周永年、李文藻、孙星衍、孔继涵、王念孙、阮元、顾广圻、鲍廷博、黄丕烈、秦恩复、赵怀玉、张敦仁、罗士琳、吴骞、陈鳣、钱泰吉、汪远孙、曾钊。他如钱曾、宋宾王、吴翌凤等等，都是校书有名的，经过他们校过的

春秋左傳注疏卷四十五校勘記　阮元撰盧宣旬摘錄
附釋音春秋左傳注疏卷第四十五　昭九年盡十二年
經九年
注以事會禮　宋本監本毛本事下有至字
則當云楚人遷許　宋本云作爲
而書陳災者　淳熙本災誤少
災言繫於所災所害　宋本岳本監本毛本言作害是也
不書也　宋本書下有晉字是也
傳九年
楚公子弃疾遷許于夷　石經于字缺
此時至譙郡之下　宋本以下正義二節總入注文使民不安
故傳以實明之　閩本監本毛本明作名
傳以所改實之　監本實下有名字毛本作明字並衍文
凡有二義經書未改之名傳以所改實之　補案此十六字誤衍上文
傳云許遷於析　毛本於改于
次于垂葭實郥氏是也　閩本監本毛本郥作郎非
已有所改前後之名　毛本已作亦
夫子集史記而爲經　毛本夫誤父段玉裁校本作孔
析公之亂　臧禮堂云案傳云子儀之亂析公奔晉此作析公之亂蓋孔沖遠誤憶耳
汝水之南也　宋本也作地

图 97　阮元校刻《十三经注疏》

無則字
好惡則不貪無用不貪無用則不害物性適情性則不過欲不過欲則養性知足四者不求於外不假於人反諸己而存矣夫人者說人者也形而爲仁義動而爲法則詩曰伐柯伐柯其則不遠
結尾在末行後二行
詩外傳卷第二

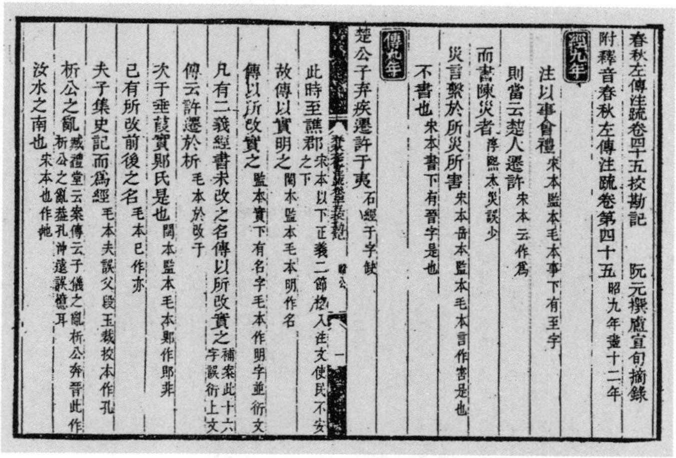

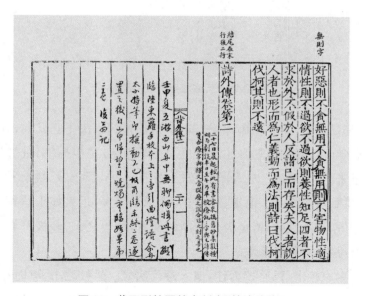

图 98　黄丕烈校野竹斋刻本《韩诗外传》

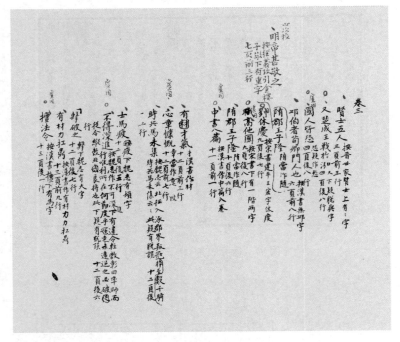

图 99　吴骞校《金楼子》稿本

书,都是善本(图 97、图 98、图 99)。清代校雠家决不止此数,其他有名学者,还很多,随时注意可也。上举人名,是根据《书目答问》写下来的,我补进二三人而已,如王引之、丁晏、段玉裁、姚觐元、戴望、洪颐煊、孙诒让、俞樾、陈寿祺、陈景云等等,近人如朱孝臧、王国维等,多不胜数,皆是大名鼎鼎的学者,所校之书,多极可靠,应当有见必收,收必珍藏。

名家校书,以原校为佳,他人录校次之。录校之书,有时所录不止一家,丹黄纷披,分辨费力。有时有校、有批,校是正其谬误,批是批评文章,好的也有,但主要的是校,不是批,因此我标题校本,而不作批校本。

名家手校本,有印记为凭,便佳。其无印记者,须看笔迹;如其人手书之字,素未见过,则笔迹即难辨认,此时止有请教前辈,解决问题。名人印记亦有用别号小印,这须随时留意。为防假印记,则自来印谱,也须多看。篆刻印章,各时有各时风格,看多了,也辨得出真假。

佛 经 版 本

图书馆藏书，各方面都有，我们图书馆工作者，对各方面的书，都应该注意。佛教《大藏经》、道教《道藏》的版本，也应该知道一些；否则倘遇宋元《藏经》，瞠目不识，使至宝等于废纸，岂不可惜！

自东汉明帝永平十年(67)，佛教传入中国以后，曾受国人欢迎。至南北朝时，造像译经，风起云涌，佛教大盛。隋炀帝"大业中，佛经译成汉文的，已达六千一百九十八卷。隋文帝享国二十四年，写经四十六藏，达十三万卷；修治旧经四百部，修治旧像一百五十万；翻译道僧二十四人，所书经论，垂五百卷"（见《玉芝堂谈荟》卷十五）。

佛经雕版，究始于何时？我在上面已经说过，始于中唐之世，惟彼时雕版印刷的是另种佛经，如《金刚经》及《律疏》等等而已。雕印全藏，当以宋开宝四年(971)刻的《大藏》为最早。

（一）宋太祖开国之后，即命张从信往益州雕版，至宋太宗太平兴国八年(983)竣工。这部经是卷子本，每版二十五行，每行十四五字不等。全藏共五千零四十八卷，一千七十六部，四百八十函。全藏已佚，仅有单本流传，闻叶恭绰藏有《大集经》第四十三卷及《中论》第二卷几叶。

（二）《崇宁万寿大藏》，北宋元丰三年(1080)开始雕版，至政和二年(1112)竣工,是梵夹本(梵夹本,应作梵笑本。笑和策字同。夹则为夹持之义,如指贝叶经言,似尚有可说,因贝叶经两端有厚竹片夹持之,但中国书都有底有面,两较厚的纸夹起来的,难道可叫什么夹本么?即古代简策,也有赘简,赘简当有两片前后夹持,而我们但闻有简策或简册之称,未见有称简夹的。至于我国雕印纸本佛经,形如后世折子,更无夹持之义,应称梵笑本),佛经至是始由卷子而为梵笑(宋人著的《枫窗小牍》卷下有云:"乾德四年三月,遣僧行勤一百五十七人访经西域,兴国五年,天竺僧息灾与施护,各持梵笑来献。"是为梵笑的出典)。全藏共六千四百三十四卷,五百八十函。每版三十行,每行十七字,半页六行。刊于福州东禅寺,主其事者为冲真、普明、咸晖等。今故宫博物院存有零本(图100)。

(三)《毗卢大藏》(毗卢是佛真身之称),政和三年始工,至乾道八年(1172)竣工,刊于福州开元禅寺。全藏共六千一百十七卷,五百六十七函,每版三十行,每行十七字,每半页六行,梵笑本。主

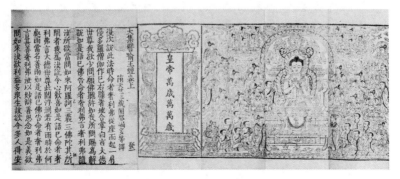

图100 宋刻本《大集譬喻王经》

持其事者，为本明、宗鉴、行崇、了一、蔡俊臣、陈询、刘渐、冯楫等。闻徐乃昌、丁福保均有残本。

（四）《思溪圆觉藏》，梵箧本，半页六行，每版三十行，每行十七字。全藏共五千四百八十卷，五百四十八函。湖州思溪圆觉禅院刊版。王永从及弟侄眷属，又沙门宗鉴、净梵、怀琛等主其事。始工于绍兴二年（1132），何时竣工未详。叶恭绰藏有残本。

（五）《思溪资福藏》，梵箧本，每版三十行，每行十七字，每半页六行。全藏共五千七百四十卷，五百九十九函。安吉州思溪法宝资福禅院开雕。自淳熙二年（1175）始工，竣工何时不详。我国现存一部（图101），计四千余卷，亦不全，向藏北京松坡图书馆，乃杨守敬自日本购回之物。据宋周密的《齐东野语》，改湖州为安吉州，乃宝庆元年（1225）事，则是经竣工当在理宗之世，历时五十多年。

（六）《碛砂藏》，梵箧本，半叶六行，每版三十行，每行十七字，

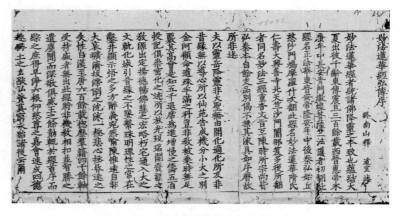

图101　宋刻本《思溪藏·妙法莲华经》

五百九十函，六千三百六十二卷，平江府碛砂延圣院大藏经局开版。藏主法忠，功德主清圭，又沙门德璋、志清、慧琚、慧朗、志明、志莲、志昌、行一、惟总、昙瑞、惟吉等。宋绍定四年（1231）始工，至元至治二年（1322）毕工，历时九十一年。陕西西安开元、卧龙两寺，今尚存全藏十分之八。抗日战争前影印，改为线装本。

（七）《普宁藏》，梵箧本，半叶六行，每版三十行，每行十七字，五百五十八函，六千零十卷。杭州路余杭县南山大普宁寺主持刊刻，释道安、如一、崇善、如贤等管领其事，元至元六年（1269）开雕。康有为藏有一千二百余册，后售于王绶珊，今不知在何处。

以上是宋元刻《藏经》。

（八）明《南藏》，梵箧本，半叶六行，每版三十行，每行十七字，六百三十六函，六千三百三十一卷，一千六百十部，明太祖敕修，洪武五年（1372）集大德于蒋山校刊，何时竣工未详。其后版藏大报恩寺，历年续有刊补，成化年、万历年均有之，闻山东图书馆藏有数部，浙江图书馆藏有残本数百册。

（九）明《北藏》，梵箧本，半叶五行，每版二十五行，每行十七字，六百三十七函，六千三百六十七卷，一千六百十五部，明成祖敕修，自永乐八年（1410）开雕，到正统五年（1441）竣工，版藏内库（图102）。万历十二年，续刊四百十卷。闻镇江超岸寺、南通狼山广教寺，均有全藏。去年，浙馆自兰溪接收一部。每册封面底叶，皆用不同的织锦包装，每册织锦花样颜色多不同，甚为美观。

（十）《径山藏》，方册本，半叶十行，每行二十字，六百七十八函，六千九百五十六卷。在余杭径山寺雕版印刷，故称《径山藏》。在嘉兴楞严寺装订发售，故亦称《嘉兴藏》。紫柏禅师创刊于万历

图 102　明刻本《北藏·大方等大集月藏经》

十七年（1589），时在北方清凉山，后移至余杭，直至清康熙十六年（1677）正藏方告完成。佛经自《崇宁万寿大藏》至明南、北藏，皆为梵笑本，紫柏禅师以为梵笑本阅读不便，改为线装方册本，故佛教大藏方册本，始于《径山藏》。

以上是明刻《藏经》。

（十一）《龙藏》，梵笑本，半页五行，每版二十五行，每行十五字，七百十八函，七千一百六十八卷，一千六百六十二部，清雍正十三年敕刻，乾隆初年竣工，前年，浙江图书馆在萧山接收一部，凡三十大橱，旋即运藏南浔嘉业堂。

清刻汉文大《藏经》，仅此一藏而已，今版犹在北京，传本尚多。

《道藏》版本

道书荟萃成藏，始自六朝。唐开元中，列其书为藏目，曰《三洞琼纲》，总三千七百四十四卷（《玉芝堂谈荟》），其后残缺。宋初遣官校定，得七千余卷，徐铉雠校，去其重复，得三千七百三十卷。大中祥符中，命王钦若依照旧目刊补，《洞真部》六百廿卷、《洞玄部》一千零十三卷、《洞神部》一百七十二卷、《太真部》一千四百七十卷、《太平部》一百九十二卷、《太清部》五百七十六卷、《正一部》三百七十卷（胡氏《笔丛》），凡四千四百十三卷。宋祥兴二年，元灭宋，大兴梵教，灭道教，十月二十日，尽焚《道藏》经书（明陆容《菽园杂记》）。至明正统十年，重辑全藏，万历三十五年，又辑续藏，共五百二十函，五千四百八十五册。其版传至清朝，藏于大光明殿，日有缺损。光绪庚子年，八国联军侵入北京，存版尽毁，传本罕见。抗战前，商务印书馆觅得北京白云观藏本，为之影印行世，今影印本亦不多见。

如何鉴别版本

　　鉴别古书版本,和鉴别古器物、古书画一样,是很难的一件事。要有丰富的经验、敏锐的眼力、很细的心、很强的记忆力,才能应付裕如;倘经验不丰,加之粗心暴气、主观武断,少有不错误的。我中年以后,始从事斯学,学力浅薄,经验既少,记忆力又差,而竟提出如何鉴别版本的问题,发挥议论,可谓不自量力。但在党和毛主席正确领导之下,没有克服不了的困难;因此我大胆地把问题提出来,就我现有的水平,发表我个人的意见。虽然一知半解,而对年青人来说,可能也有些帮助;如有错误,我应负责改正。

　　解决鉴别版本问题,我想把它分项来说:一是唐人写本,二是宋刊,三是元刊,四是明刊,五是旧抄,六是稿本,七其他。这样一分,眉目比较清楚。

　　唐写本传下来的多是写经(图103),写经都是手卷。浙馆在解放后,收得五卷,四卷是黄麻纸的,一卷是白麻纸的。写经字体有特殊风格,和宋元本全不相似,非欧非柳,刚劲古朴,看过几卷,就知道了。写经纸是麻纸,大概出自四川广都。唐人用纸,民间情况不知道,若中央政府用纸,都取给于广都。麻纸有二种:一是黄麻,一是白麻,都有罗纹的。黄麻是用黄檗染过,上面已经说过,用以辟蠹,千年不坏,白麻较差。欲辨纸色,必须目见,如字体,也须

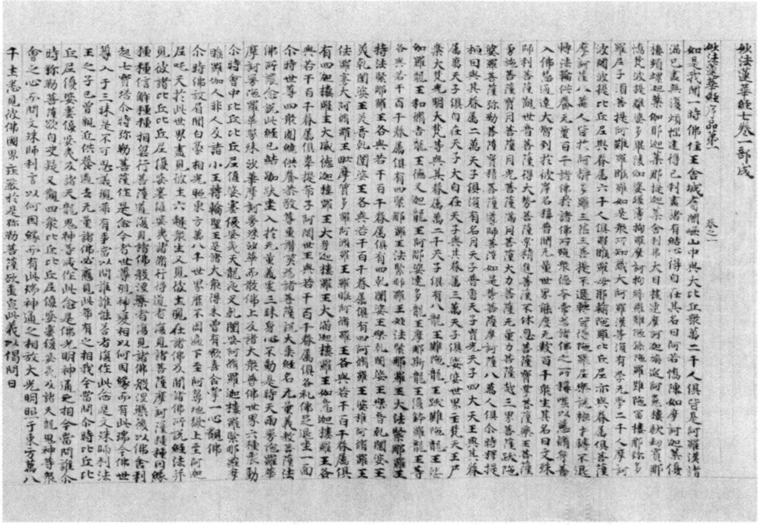

图103　唐人写经《妙法莲华经》

看过才能知道。经卷多是很长的，由好几张纸连缀起来的。若经文很短，一纸可了，自不必连接几纸。所谓经卷者，都是佛经。唐人写经，和北魏造像用意一样，都是祈福的。

据元人陆友《研北杂志》所载，有韩愈的《家集》，是茧纸写的，正书，而且有韩愈亲手改定的字，藏长安安信之家。据此，我们知道唐人写书，也有用茧纸写的，不一定是麻纸。

五代印本，我只见过雷峰塔经卷。这经卷的详细情况，上面已经介绍过了；要防的是假造的伪物。这种假货，时有碰到，一看纸色便知。假的纸色是熏黄的，其色死；真的纸色微黄而润。总之，看过真的，假的容易辨。

鉴别宋版书，要汇合各种条件来看，单凭一种或几种，是靠不住的。清人孙从添说:"鉴别宋刻,须看纸色、罗纹、墨气、字画、行款、忌讳字、单边、末后卷数、不刻末行、随文隔行刻,又须真本对勘乃定……近又将新翻宋刻,去其年月,染纸色,或将旧纸印本伪作宋刻,甚多。若果南北宋刻本,纸质、罗纹不同,字画刻手,古劲而雅,墨气香淡,纸色苍润,展卷便有惊人之处。所谓墨香纸润、秀雅古劲,宋刻之妙尽之矣。"这说法,详细是详细了,但少见宋版书的人,看了这段议论,还是不明不白。宋刻不一定都是罗纹纸,墨气也不一定都是香淡,墨如点漆的也有。如北宋刻的两《汉书》,字画行款,仿造甚工的,很难分辨;如王刻《史记》、袁刻《文选》、赵刻《玉台新咏》,人家往往当作真宋本。至于忌讳字,翻刻的也可照样刻下来,明张志淳的《南园漫录》说"元灭宋后,刻诸史,如殷、敬、恒、构之类,皆讳,又如恒字省下一画,至今不改",可证。至于单边双边,更难一概而论。前人多说宋刻单边白口,不知宋刻双边的也有,不但左右双边的很多,即四周双边的也有。如南宋刻的《南华真经》《珞琭子三命消息赋》,都是四周双边;宋刻《赵注孟子》,左右双边;宋刻《名公书判清明集》《梅花喜神谱》(图104),都是四周双边。至于黑口,南宋刻的,不少黑口的,如《琴趣外篇》《刘梦得集》。宋蜀刻大字本《山谷内集注》、尤延之刻《文选》、廖刻《河东集》,都是黑口单边或四周双边。说到末后卷数,即标记书名的一行,隔行刻,这一点比较可靠,但元刊也有这样的格式。孙氏所谓墨香纸润,秀雅古劲,总不免笼统一点,初学仅据此两语,无法进行鉴别。又有一说,宋刻书每行字数和每页行数相同,如每行二十四字,则每页即为二十四行,此说见《重论文斋笔录》卷五。这一说,被王宗炎驳倒了。王氏举了宋刻《仪礼》,每页二十八行,每行二十四字,

如何鉴别版本

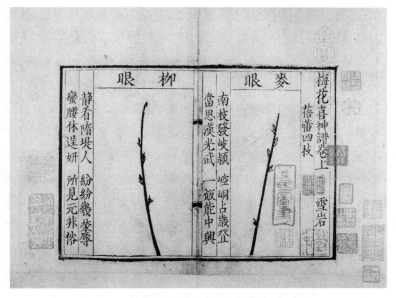

图104　宋景定二年刻本《梅花喜神谱》

宋刻《汉书》，每页二十八行，每行二十四字，宋刻《史记》，每页二十六行，每行二十五字，反驳每页行数适如每行字数之说，甚为正确。鉴别宋刻，牌记最为可靠了，然而翻版也有照样刻的，如五峰阁翻的《东都事略》，也有"眉山程舍人宅刊行，已申上司，不许覆板"两行牌记。宋刻最普通的版式，是版心上记字数，下记刻工姓名，书中多讳字，而五峰阁刻的一一照样刻。此在老眼，一看纸色便知是翻雕，但初学遇此，就不免要被骗了。鉴别宋刻，我始终认为要每一特点都要注意到，一点对了，再看另一点，另一点对了，更看其他各点，各点都对头，再参考名家书跋，才能做出最后决定。例如字体刀法对了，看纸色，如果竹纸印的，其帘纹是否有两指宽；如为罗纹纸印的更好；若为皮纸印的，看纸是否厚实；若是纸背印的，那就最为可靠了；又据明陈继儒《太平清话》说"宋纸于明处望之，无帘痕"，是辨宋纸之一法。墨色是否香淡，一闻便悉；墨如点漆的，总是极少遇到的。字体、刀法、纸张、墨色都对了，再看版式行款；又都对了，再看前后序跋及有无牌记，或校勘衔名，有无前人藏书印记等等。这样一步一步地审阅之后，再参考前人书目题跋，乃下断语，大概不会错了。日本人伪作的延喜十三年本《文选》、唐天祐二年本《归去来辞》，纸用写经故纸，字样集写经旧字，活字排印，做得很巧妙，我国傅云龙、黎庶昌都被他骗过（《古文旧书考》）。我以为即据活字排印一点，亦可判知其伪；因活字发明在宋仁宗时，唐人尚未知活字印书法。傅云龙一见写经纸、经生体字，便惊喜欲狂，宜乎被骗。单凭一点或几点，审别旧刻，鲜有不被骗的。黄荛圃看的宋本多了，尝自命为老眼，但有时也不免错。如云"宋本从无阔黑口者"，及见宋刻《新定严州续志》，版口阔而黑，疑非宋椠，后与顾千里仔细研究，乃肯定为宋版，说："余所藏《中兴馆阁续录》，有咸淳时补板，皆似此纸墨款式，间有阔黑口者，可知宋刻书，非必定白口或细黑口也。古籍甚富，人所见未必能尽，欲执一二种以定之，何能无误耶？"据此可知，白口、黑口不能作为宋元刊本之唯一区别点。

宋版书，有以纸背印的，前辈审别宋版，往往赖此审定。黄荛圃《跋北山小集》有云："书友胡益谦持《北山小集》示余，欲一决其为宋本与否。余开卷，指示纸背曰：'此书宋刻宋印，子不知宋本，独不见其纸为宋时册子乎？'"钱大昕《跋宋刻汉书》云："南宋大字板两《汉书》……间有元人重修之板，其纸背多洪武中废册，知为明初印本也。"凡纸背印的书,其印纸是审定版本最好的证据,最为可靠。宋时纸厚实,而又两面光滑,皆可印书。元版书亦有之,见《滂喜斋藏书记·增修礼部韵略》。此外辨别宋版,亦有据卷数者,如黄荛圃《跋淮南子》云:"《淮南》世有二本:一为二十一卷,出于宋本,一为二十八卷,出于《道藏》本。至二十卷者,钱述古所谓流俗本也。"知宋刻《淮南子》为二十一卷。亦有单以刻工名字相同,而定版刻年代者。如某书已经审定为宋刊,另有一书其版心刻工姓名,多与已审定者相同,即可据此审定其书亦为宋版,而且是同时刻的。例如《洪氏集验方》宋刻本(图105)刻工姓名有黄宪、毛用等人,《伤寒要旨》(图106)一书,也有黄宪、毛用等名,即可证定其亦为宋刻,且为同时刻(见荛圃题跋)。遇到这样的情况,审别版本,亦颇省事。但宋刻书差不多都有刻工姓名(仿刻本少有),很难

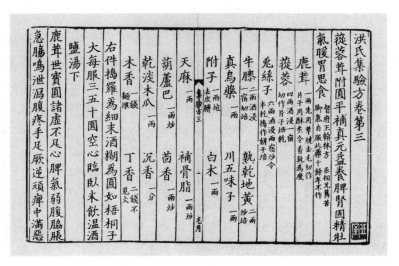

图 105　宋乾道本《洪氏集验方》(刻工毛用)

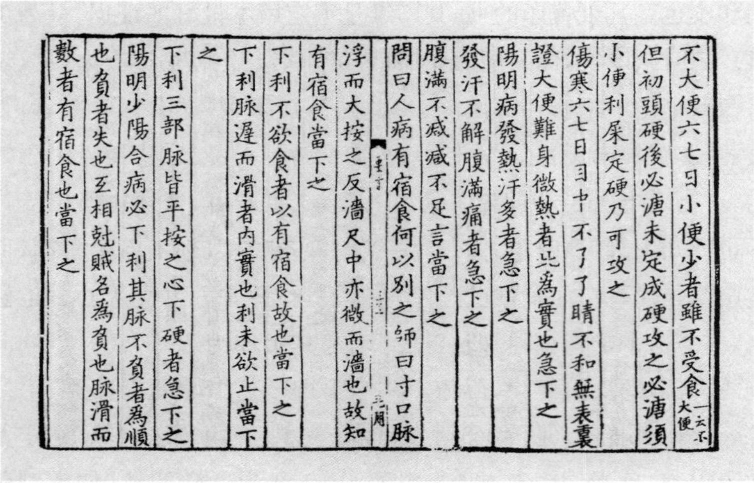

图 106　宋乾道七年姑孰郡斋刻本《伤寒要旨药方》（刻工毛用）

记得，如能将已见的宋版书刻工，做成索引，那检查就便利了。

宋刻书有元人序，须细心研究。如《文苑英华纂要》八十四卷，宋刻，张氏《爱日精庐藏书志》，因是书有元赵文序（图107），遂定为元刊，其实书中讳字甚多，元人序乃后加，非元刻也。又书估往往抽去序跋，以元版充宋版者，不可不谨防。如海源阁藏《大戴礼记》，纸极薄而有罗纹，四周边阑极粗，左右双边，版心上记大小字数，下记刻工姓名，惟宋讳敦、慎、让、敬皆不缺笔，字系赵体，傅沅叔先生审定为宋刊，且云："最为罕秘，恐世无二本。"1958年10月，我到北京，看到是书，审其字体，疑非宋刊。老友陈君恩惠示我另一部同样书，核对，则另一部前有元至正甲午刘真刻于嘉兴路儒学序。海源阁藏本，此序已佚，遂误定为宋本，可知学问之事，真是无穷无尽。傅先生为国内大名家，亦不免为书估所愚，何况我们后

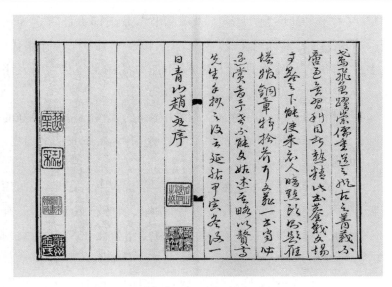

图107　宋刻本《文苑英华纂要》赵文序

生小子,更应十分细心,不可稍涉粗率,陷于谬误。又如《朱子大全》一书,我初遇见时,审其字体、版式、纸色,疑为元刊,而苦无确证。后承赵斐云先生指点,是书乃明初刊本,书估往往将序跋割去,冒充元椠,我乃恍然大悟。我所见本,首册为补写本,纸熏得焦黄,贩卖者有意作伪,几为所愚。又如袁刻《文选》:宁波蔡氏墨海楼藏本,缺卷四十一至五十,凡十卷,书估改补卷数,将卷五十一至六十改为四十一至五十,充足本,又将袁氏牌记悉行割去,在书口上方,补上"淳祐三年善本校刊"两行小字,篆书,充宋刊本。蔡氏作宋本购进,后转归李氏萱荫楼,又作宋本,什袭珍藏。残本充足本,明版充宋版。一书两作假,而购者竟辨不出,作伪之巧妙如是。蔡氏墨海楼藏《风俗通义》应劭序首行题"《大德新刊校正风俗通义序》",又有李果前序题"大德丁未中和节",蔡氏即据此审定为元版。不知是书实为明刊,审其字体刀法,以及李果"序"字作隶体,且多古字,很容易看出是明人刻本,不能单凭序文年代。明人序文,一经书友抽去,即为所愚,不可不慎。

我尝谓我们学习旧书版本,做旧书生意的人,就是我们最好的老师。这老师教育很严,时常出难题目考我们,企图我们交白卷,我们要十分当心,免交白卷。

明清本子,往往有蓝或黑的大宋体字的扉页书名,印书人叫作头版。这头版也颇重要,也往往为书商割去,冒充宋或元版的。有一部《诗人玉屑》,乃清初印本,蔡氏墨海楼作为元刊收进,与袁刻《文选》同样珍视,同置一箱。不知是书首有扉页,题"处顺堂藏版",且有"重刊元本"字样,蔡氏所收,失此扉页,遂为人欺,且以欺人,诚为可笑。如此之例,多不胜举。

鉴别宋刊本,如遇宋讳,有"今上御名"四字者,或作"御名"二字者,大概不会假,可径审定为宋刊。惟这样的宋版书,极为少见,翻完一部《铁琴铜剑楼书目》,如此书不过几种而已。

鉴别元刊本,比较容易,但亦易与明初刊本相混,亦须细心鉴别,多看多问,自有好处,决非如孙从添说的:"元刻不用对勘,其字脚、行款、黑口,一见便知。"元刻黑口,是最常见的形式,但白口的并非没有,如上面提到过的王应麟著的《玉海》即是白口。又如《草堂雅集》见《艺风藏书续记》、《五代史记》(见同上)、《翰苑英华》、《中州集》(见同上,图 108),都是元刊白口单边或双边。又《大元一统志》,元官刊大字本,亦是白口,见《文禄堂访书记》;《至正金陵新志》元奉元路学古书院刊本,白口(见同上)。元刻字体,的确都

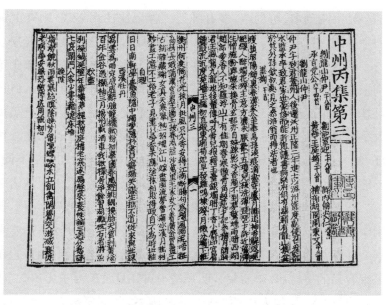

图108　元至大三年曹氏进德斋刻本《中州集》

是赵体字,但明初刊本,亦是赵体字,如何分别,就有问题了。主要的是看序跋,序跋若为书商割去,则查各家书目题跋。元末明初,时代衔接,刻书风气未变,审辨很不容易。一书序跋被割去,别家藏本,不见得都被割去。别家藏本,留有序跋,则题识必提到,参考所及,问题即可解决。近时所出书目,大都仅记书名、卷数、著者、版本,其他特点,多不记出,甚为简略,对我们鉴别版本,帮助很少。止有善本书志,记载详明,帮助很大。学习鉴别旧版书,对此类书志,不可不多看。多看多记,甚为重要。至于纸墨亦须注意,有时也有帮助。对于已经审定的元版书,有元刻元印的,牢记纸色,亦是佐证之一。总之,单凭字体审定元版,不可靠的。

元书院刻本、坊刻本，多有牌记。牌记往往无年代，则查上面列举的表，可以查出。表有遗漏，自己有所见，则补入，以备查考。

明版，上面已经说过，现在谈谈鉴别问题。在明版，好像比鉴别宋元版要容易得多。只看字体、纸张，即可决定其为明版，但这是就一般情况而言。若进一步肯定它是原版，还是翻版，遇有黑口大字本，只知它是成弘以前刻本，要肯定它刻在何时，若无序跋作证，便为难了。又若单凭字体，也是不够的，南北刻书，风格不同，不能一概而论。其次明人翻宋，如袁刻《文选》等等，人多误认为宋版。钱泰吉《曝书杂记》云："章如愚《山堂考索》，当时以为元刻，实则明正德时慎独斋本也。"慎独斋为建阳名书坊之一，所刻《山堂考索》，并不甚佳，而且有牌记，人犹误认为元刊，可见鉴别明版，也不是很容易的事。唐《李峤集》，明嘉靖甲寅江夏黄氏浮玉山房《二十六家唐诗》本，写刻人原题"姑苏吴时用书，黄周贤金贤刻"二行，《天禄琳琅书目·后编》误以为宋刻，卤莽从事，往往有此错误。

明刻原版翻版，最为难辨，若未见过原版，即无从知道。如陈耀文的《天中记》，传本不少，而原刻极罕见。浙馆藏有几部，都是翻版。原版书中标题，黑地白字；翻版，仅外作墨围。又有万历本《国语》，卷端题张一鲲、李时成阅，郭子章、周光镐校，而后有跋，乃吴汝成为重刻张一鲲本而作，倘此跋不存，见者必不知为吴汝成刻本。明冯绍祖校刻《楚辞章句》，原刻版心下方有"杭州郁文瑞书"六字，翻版没有此六字。万历本《龙溪王先生语录》卷一第一页，版心下方题"秣陵杨应时书，梅仕见刻"，翻版照样刻下，经核对，则翻版版框高半字，而刀法笨拙异常，若不经意地草草看过，即作原版看了。又弘治本《盐铁论》，十行二十字，极有名，有几种翻版。原

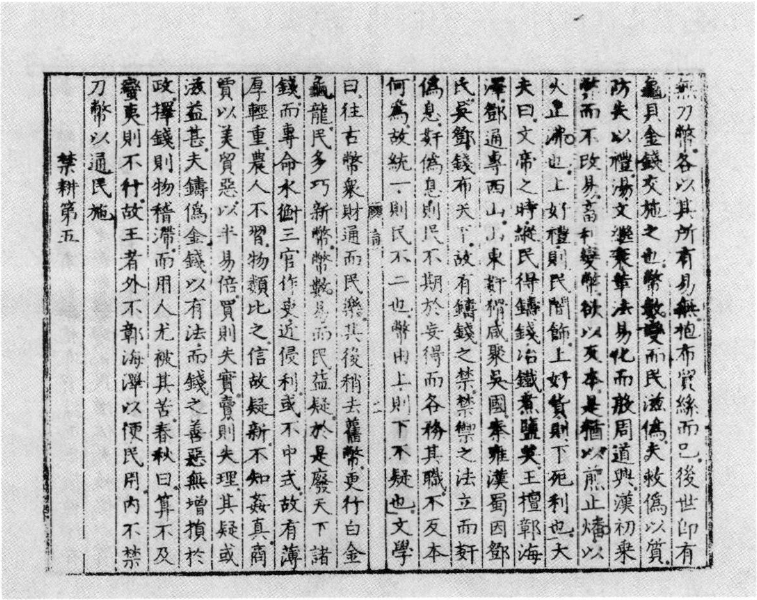
無，刀幣各以其所有易無，抱布貿絲而已。後世即有
龜貝金錢，交施之也。幣數變而民滋偽。夫救偽以質，
防失以禮。湯文繼衰，漢法易化，而殷周道興。漢初乘
弊而不改易，畜利變幣，欲以反本，是猶以煎止燔，以
火止沸也。上好禮則民閻飾，上好貨則下死利也。大
夫曰：文帝之時，縱民得鑄錢、冶鐵、煮鹽。吳王擅鄣海
澤，鄧通專西山。山東奸猾，咸聚吳國，秦、雍、漢、蜀因鄧
氏。吳、鄧錢布天下，故有鑄錢之禁。禁禦之法立而奸
偽息，奸偽息則民不期於妄得，而各務其職，不反本
何為？故統一，則民不二也；幣由上，則下不疑也。文學
曰：往古幣眾財通而民樂。其後稍去舊幣，更行白金
龜龍，民多巧新幣。幣數易而民益疑。於是廢天下諸
錢，而專命水衡三官作。吏近侵利，或不中式，故有薄
厚輕重。農人不習，物類比之，信故疑新，不知奸真。商
賈以美貿惡，以半易倍。買則失實，賣則失理，其疑或
滋益甚。夫鑄偽金錢以有法，而錢之善惡無增損於
政。擇錢則物稍滯，而用人尤被其苦。春秋曰：算不及
蠻夷則不行。故王者外不鄣海澤以便民用，內不禁
刀幣以通民施。
禁耕第五

图 109　明弘治十四年涂祯刻本《盐铁论·错币篇》

版《错币篇》有一句“水衡三官作”（图 109），正嘉间刻本作“水衡二官作”，叶德辉却以正嘉本为弘治原本，《藏园群书题记》有长跋，说明此事。叶氏为版本学名家，而对弘治本《盐铁论》真本，竟分辨不清，可见鉴别明版也非很容易的事。

明版书字体，嘉靖、万历，截然不同，这是就江南本说的；若北方刻本，则不相类。如嘉靖初年，山东济南刻的《黄帝内经》，书中无刻版年代，仅卷端有“历城教谕田经校刊”一行，字作赵体，很像元版样子；若书商挖去田经一行，冒充元刊，很容易被瞒过。后经查山东志书，知田经任历城教谕，在明嘉靖初年，刻书时代乃定；论其字体，校之江南嘉靖本字体，相去甚远。又如祝允明《怀星堂集》，万历三十七年刻，字体风格，极类嘉靖本，若抽去前序，则皮相之谈者，必以为嘉靖刻，同为江南本，也有这样情况。又叶子奇《草木子》，正德刊本，董传性《诗史》，万历本，字体皆与常见嘉靖本同。这类刊本，如有遇见，不可不慎为区别。

通常审别宋版书，总要查讳字，因宋刻避讳很严，不但真名要讳，嫌名也要讳。明嘉靖丙午，武进蒋孝刻的《陶靖节集》，殷敬均缺末笔，而且每卷末记字数，也和宋刊相同，若凭讳字定版本，即要以明刻为宋刻了。遇此等书，不可不慎。

总之，鉴别刊本之为宋为元或明，首先要知宋、元、明版的特点，门路扣清，事乃可办。各朝刻书特点，不止一个，汇集各方面情况，进行鉴别，做出决定，虽不中不远矣。粗心暴气，使不得，主观武断，更要不得，要细心参考研究。1961年夏天，我到宁波，协助天一阁主办的清查朱氏别宥斋、冯氏伏跗室藏书工作。在朱家，遇见残本《荆陀粹编》，朱氏原目作宋版，我则断为元西湖书院刻本。前有陈基序，朱氏藏本序已失去，遂误认为宋刻本。又有巾箱本《礼记集说》，朱氏定为元刻本，我审定为明嘉靖本，纸墨刀法无一惊人之处，卷数又与元刊不合，后经查考，确系明刊。

鉴别刊本，大非易事；多积经验，加以总结，是不二法门，勉之而已。

关于抄本书的鉴别，宋抄曾在北京图书馆见到一种，元抄未见；明抄（图110）见过多种，可以谈谈。明抄知名的，很容易辨，如前面已经说过的名家抄本，都有标记，如版心有"丛书堂"三字者，即吴匏庵抄本；有"赐书楼"三字的，便是叶氏箓竹堂抄本；有"玉兰

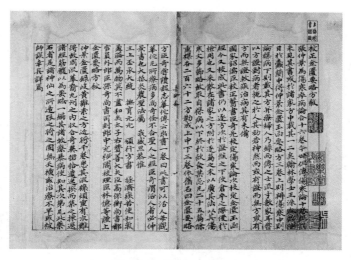

图110　明洪武抄本《金匮要略方》

堂录"四字者,即文衡山抄本;有"郁冈斋藏书"五字的,便是王肯堂抄本;有"吴县野竹家沈辨之制"九字的,便是沈与文抄本;有"七桧山房"字样的,便是杨梦羽抄本,也有作"万卷楼杂录"字样的;此外如姚舜咨抄本,版心有"茶梦斋抄"四字;秦酉岩抄本,版心有"致爽阁"三字,或"玄览中区"四字,或"又玄斋"三字,或"玄斋"二字;祁承爜抄本,有"淡生堂抄本"五字;毛子晋抄本,版心有"汲古阁"三字,阑外有"毛氏正本,汲古阁藏"八字;谢肇淛抄本,有"小草斋抄本"五字;冯彦渊抄本(图111),版心有"冯彦渊藏本"五字;冯定远抄本,格阑外有"冯氏藏本"四字;钱牧斋抄本,版心有"绛云楼"三字;叶石君抄本,孙从添称之为至宝的,版框外有"朴学斋"三字;这些都是明人有名的抄本;二冯与钱,已到清初,作清人亦可。清人抄本,有可记者,如钱曾抄本(图112),格阑外有"虞山钱遵王述古

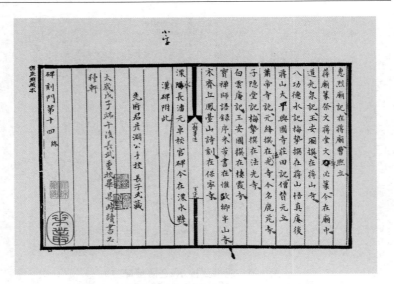

图 111　清初冯知十家抄本《六朝事迹编类》

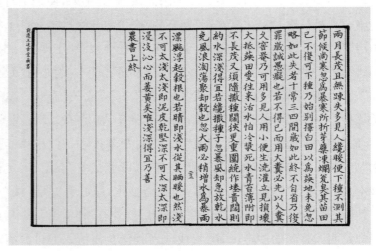

图 112　清钱氏述古堂抄本《农书》

堂藏书"十字,或无"虞山"二字;钱谦贞抄本,版心有"竹深堂"三字;徐乾学抄本,版心有"传是楼"三字;朱彝尊、鲍廷博、吴骞、汪小米抄本,皆毛泰纸,无格阑。上举诸家抄本,皆为名家,其书甚可宝爱。其无名抄本,识别较难。惟明抄,大多是蓝格棉纸,抄写粗率,字画方劲,和清人抄本稍有区别。万一辨不出,即定为旧抄可也。藏书家书目,记录版本,有此一例。

抄本书,总以校过的为佳。抄而不校,终难称善。鉴别高下,以此为准。

我所见过的明抄,要当以汲古阁抄本为最精妙,真是名不虚传。1958年,我在北京图书馆见到两种:一是《西昆酬唱集》,每面十二行,行二十字,纸洁白如玉,墨光如漆,界阑如发,边阑如带,无粗细,无浓淡,字作宋体,精美绝伦;一是《汗简》,稍差一点。此二书汲古阁出售的《秘本书目》,未载。汲古阁抄本,人称"毛抄",在明抄中,最为人所重视。

鉴别稿本,原稿必有涂改,鉴别容易,一见便知;清稿本,就困难了。清稿本,必须以印记为凭,印记或用姓名,或用别号,或用斋名,其例不一。1960年,浙馆收到一部残本抄本书,收购时,凭卷端"律诗"二字作为书名;不知"律诗"二字,仅仅是书中诗的分体的标题,而不是书名。此书的书名是"陶庵集",全书有二十二卷,浙馆只购得残本一册。著者为明末极有名的抗清殉国的英雄黄淳耀,而书中题名为黄金耀,是年轻时的名字。后更名淳耀。淳耀,知道的人多,金耀,知道的就不多了。他号陶庵,书中有陶庵二字阴文印记,故审定为清稿本。又如明岳凌霄著的《绿萝堂诗草》二册,书中无著者姓名,只钤有印记二方:一"广霞"二字,一"凌霄私印"四字。因著者曾官宁国，查《宁国府志·职官表》，有岳凌霄其人，因此著者姓名，乃得肯定；又和书中印记对勘，知道是书为清稿本，纸墨极旧，古香古色，至为可爱。有知其为手稿，而书中无姓名，那就为难了，要费工夫查考。若预先知道某人笔迹，则也容易解决，但著者千千万万，安能尽知其笔迹？遇此类书，编目问题，只得徐图解决。

此外鉴别佛经，也是一个需要解决的问题。遇宋元刊本佛经，除核对行款以外，须查明当时主持刻经人姓名，有无相合者，又看字画刀法，大致可以肯定系属何时印本。《开宝大藏》为卷子本，犹承唐末五代风气。至元丰三年刻的《崇宁万寿大藏》，始改为梵策本。因此，我认为近时宋塔出土的佛经，若为梵策本，而未记明刻印年代的，即难审定其为开宝以前刊本。明刊南、北《藏经》，以及清雍正末年刻的《龙藏》，这三部《藏经》，传本还不少，尤其是《龙藏》，更多流传，必须分别清楚。《南藏》字体，写欧体，刚劲有力，每版三十行，每行十七字，一面六行，一版经文，刚好分五面（佛经版式和普通书不同，它是梵策本式。印版横式很长，版高不及阔的一半。面与面之间，距离很宽。一版刷下来，可分折好几页。每页末端都留有空纸，以便连缀成册）。《北藏》字体，写赵体，显然有区别，而《北藏》每版二十五行，每行十七字，每面五行，也显然和《南藏》不同。遇有单本，一见便知。其有民间私刻单部之经，既非《南藏》，又非《北藏》，只看经后题名，决定为某人刊版。清刻《龙藏》，和《北藏》相比，每版行数相同，每面行数也同，字体又同。所不同的，只是每行字数：《北藏》行十七字，《龙藏》行十五字，字较大而已。据此一点，即可判知其为何藏。

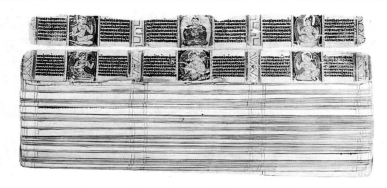

图113　梵文贝叶经《八千颂般若波罗密多经》

佛经还有一种贝叶经(图113),浙馆藏有二夹:一夹三百二十片,一夹二百二十六片,都是巴利文写的。印度经典,有梵文的,是出北印度;有巴利文的,出南印度。今锡兰及缅甸、泰国等国的经典,大都是巴利文的。这是据其形状,知其为巴利文,而文字还未认识,故其经名还定不下来。贝叶的形式,阔以寸计,而长则以尺计,有长有短,有阔有狭,不一定,为一种树叶。树名贝多罗,简称贝叶,有作多罗树叶的,见《续高僧传》;有作贝多叶的,见孙光宪《北梦琐言》、张世南《游宦纪闻》;其称贝叶经者,见《续高僧传》、《玄奘传》、《册府元龟》卷五十二。贝叶经,是用铁笔写的。据《游宦纪闻》卷三:"占城国于显德(后周年号)五年,遣使贡猛火油八十四瓶、蔷薇水十五瓶,其表以贝多叶书之,香木为函。"可见贝多叶用以代纸,不一定写经。此种贝叶经,闻印度今亦很少见了,甚为名贵。

又鉴别佛经,还有一条,补记于此。据日本《图书寮汉籍善本书目》载宋福州开元禅寺刻的佛经(《毗卢大藏》,已见上),如《阿毗达磨大毗婆娑论》,绍兴戊辰年刻,纸背捺有"开元经局染黄纸"大方印,《阿毗达磨俱舍释论》纸背也有这样的大方印,这是宋刻宋印的大好证据。

图书在版编目(CIP)数据

古书版本常谈/毛春翔著. —上海：复旦大学出版社,2024.10
(文献学基本丛书/吴格主编. 第一辑)
ISBN 978-7-309-17188-4

Ⅰ.①古… Ⅱ.①毛… Ⅲ.①古籍-版本-研究-中国 Ⅳ.①G256.22

中国国家版本馆 CIP 数据核字(2024)第 017769 号

古书版本常谈
毛春翔 著
责任编辑/高 原

复旦大学出版社有限公司出版发行
上海市国权路 579 号 邮编：200433
网址：fupnet@fudanpress.com http://www.fudanpress.com
门市零售：86-21-65102580 团体订购：86-21-65104505
出版部电话：86-21-65642845
上海盛通时代印刷有限公司

开本 890 毫米×1240 毫米 1/32 印张 5.375 字数 116 千字
2024 年 10 月第 1 版
2024 年 10 月第 1 版第 1 次印刷

ISBN 978-7-309-17188-4/G·2562
定价：36.00 元

如有印装质量问题，请向复旦大学出版社有限公司出版部调换。
版权所有 侵权必究